Was jeden Tag passiert

Edition Psychologie und Pädagogik

Sylvia Schopf

Was jeden Tag passiert

Spielgeschichten für Kindergarten
und Vorschule

Matthias-Grünewald-Verlag · Mainz

Illustrationen von Sylvia Schopf

Die Deutsche Bibliothek – CIP-Einheitsaufnahme

Schopf, Sylvia:
Was jeden Tag passiert : Spielgeschichten für Kindergarten und Vorschule / Sylvia Schopf. – Mainz : Matthias-Grünewald-Verl., 1998
(Edition Psychologie und Pädagogik)
ISBN 3-7867-2094-0

Umschlag: Harun Kloppe, Mainz, unter Verwendung einer Zeichnung von Marie Kloppe
Druck und Bindung: Clausen & Bosse, Leck

ISBN 3-7867-2094-0

Inhalt

1. Einleitung: Kinder – Spiele

„Der Mensch spielt nur, wo er in voller Bedeutung des Wortes Mensch ist, und er ist nur da ganz Mensch, wo er spielt."
(Friedrich v. Schiller)

Kinder brauchen Spiel

Egal ob man es als vergnügliches Tun ohne Zweckorientierung, als Abfuhr von Affekten oder Kraftüberschüssen, als wichtige bzw. notwendige Entwicklungsstufe oder als kindliche Form der Arbeit versteht – Spiel war und ist eine grundlegende Tätigkeit des Menschen – und Kinder brauchen Spiel, brauchen Möglichkeiten, Raum, Zeit und auch Anregungen zum Spielen. Spielend erkundet und erforscht das Kind seine Umwelt und sich selbst. Es probiert (sich) aus und lernt, wächst und entwickelt sich dabei. Aus der Mimik und Gestik des Kleinkindes entwickeln sich etwa im dritten Lebensjahr die ersten Formen des Rollenspiels: „Ich bin die Mutter und die Puppe ist das Kind." Im Spiel erprobt das Kind verschiedene Rollen und Situationen und spielt Geschehnisse und Erlebnisse aus dem eigenen Umfeld nach – eine Möglichkeit, Erfahrungen zu verarbeiten, Fähigkeiten und Fertigkeiten zu erwerben und einzuüben. Die Spielwelt erweitert sich: Zum Spielzeug wie Puppe oder Kuscheltier kommt allmählich auch der menschliche Spielpartner hinzu und damit ist im und mit dem Rollenspiel auch der erste Schritt zum Zusammenspiel getan. Der eine agiert und der andere reagiert darauf. Aus den Partner- und Kleinstgruppenspielen entstehen schrittweise komplexere Spielsituationen und neue Rollen (wie der Müllmann, der Handwerker usw.) in und mit einer größeren Spielgruppe.

Angeleitetes Spiel & Spielgeschichten

Neben dem freien Spiel, in dem die Kinder Spielsituation und Rollen nach eigenem Interesse und Wissen gestalten, abbrechen oder verändern, gibt es das vom Erwachsenen angeleitete Spiel.
Es bedeutet und ermöglicht vor allem:

- das Initiieren von (neuen) Spielerfahrungen in und mit der Gruppe – wie z.B. das Erleben und Kennenlernen anderer Spielideen und Spielformen. Der Blick wird dabei entweder auf Unbekanntes gelenkt oder Gewohntes wird unter einem anderen Blickwinkel betrachtet und erlebt;
- Erkundungsneugier zu wecken und fördern, indem z.B. Themen wie Tiere/Verkehr/Wer wohnt nebenan? usw. spielerisch aufbereitet werden;
- Impulse zu geben, die gezielt die Wahrnehmung der eigenen Person und Fähigkeiten sowie der Umgebung fördern und sich schließlich auf das freie Spiel der Kinder auswirken;
- das Schaffen von Spiel-, Fabulier- und Sprechan-

lässen, um Phantasie und Sensibilität zu wecken und zu fördern;
- ein beständiges Einübungsfeld für das Miteinander und Zusammenspiel – für Sozialverhalten.

Ausgangspunkt für das angeleitete Spiel ist der spielerische Umgang mit den eigenen körperlichen und sprachlichen Fähigkeiten (wie dem Entdecken und Erfinden von Bewegungen oder Tönen bzw. Worten) sowie den Interessen der Kinder (Themen/Situationen, die sie beschäftigen). Daraus entstehen einfache Spielsequenzen und Geschichten, die sowohl die gestalterischen Fähigkeiten (Kreativität) als auch die Phantasie und Vorstellungskraft fördern und das Fundament legen für das spätere Darstellende Spiel, das schließlich zum Theaterspielen führt.

Äußere Bedingungen

Räumlichkeit

Es braucht Spielraum und zwar sowohl ausreichend Bewegungsspielraum als auch Raum, um Gedanken und Ideen entstehen zu lassen. Damit die bisherige Nutzung und inhaltliche Besetzung des Raumes (z.B. als Tobe- oder Turnzimmer) nicht zur Spielfalle wird, ist es sinnvoll und notwendig, dem Raum so weit wie möglich eine eigene Gestaltung zu geben. Manchmal reicht es schon, das Spiel- und Materialangebot im Raum so zu verstauen, daß es nicht mehr in Reichweite ist. Der Treffpunkt kann eine Sitzkissen- oder Stuhlrunde sein. Der Kreis wird für szenische Spiele zum Halbrund geöffnet, so daß eine Art Bühnenraum entsteht. Bei manchen Spielen wird der gesamte Raum zur Spiel- und Aktionsfläche. Die jeweiligen Örtlichkeiten (ob Bühne oder verschiedene Spielorte) werden z.B. durch Tücher, Stühle, Seile o.ä. abgegrenzt bzw. markiert, so daß es klare Raumzuordnungen für die Spiele gibt.

Zeit & Dauer

Das angeleitete Spiel mit seinen Darstellungs-, Fabulier- und Bewegungsspielen sowie den szenischen Kleinspielen sollte zeitlich (und wenn möglich örtlich) klar getrennt und abgegrenzt sein vom Freispiel der Kinder. Man kann sich z.B. zu einem regelmäßigen Spieletreff (jeden Donnerstag nach dem Frühstück) zusammenfinden und für diese Zusammenkünfte eine eigene Spieleröffnung wie z.B. ein Lied oder ein spezielles Spiel (siehe Kapitel 2 „Einstiegsspiele – Spielanlässe") wählen. Wie lange die jeweilige Spieleinheit dauert, hängt von der Konzentrationsfähigkeit der Kinder ab. Das ist zum einen eine Frage des Alters (bei jüngeren Kinder läßt diese meist nach 20 bis 30 Minuten nach) und zum anderen eine Frage der aktuellen Verfassung (wie quirlig, aufgeregt, lustlos, spielfreudig ist die Gruppe heute?). Auch was die Zeitdauer der jeweiligen Spiele betrifft, so liegt diese im Ermessen der Spielleitung, ob „die Luft draußen" ist oder man noch eine weitere Runde anschließen kann, ob es einen neuen Spielimpuls braucht oder man den Spielprozeß beschleunigen sollte.

Gruppengröße

Größere Gruppen sind vor allem für jüngere Kinder schwierig, weil sie sich auf zu viele Mitspieler einlassen müssen und sie dann zu lange waren müssen, bis sie an der Reihe sind, und dann Geduld und Konzentration verlieren. Kleinere Gruppen haben u.a. den Vorteil, daß Spielsituationen möglich sind, in denen nicht alle gleichzeitig agieren, sondern die Spielerkinder auch Einzelaktionen übernehmen können. Sind mehr Mitspieler vorhanden als Rollen, so werden diese nicht von einem Kind, sondern von einer Kleingruppe gespielt. Zum Beispiel gibt es dann in der Tierhandlung nicht nur einen Hund, sondern eine ganze Hundefamilie.

Materialien

Für die meisten der Spiele wird kein Material benötigt. Oder es handelt sich um Spiel- und Sportgeräte, die sowieso in jedem Kindergarten vorhanden sind (wie Reifen, Stöcke, Seile, Bausteine usw.), so daß aus Bauklötzen der Reiseproviant wird, aus dem Holzreifen der Topf; mit Stühlen oder Seilen werden Spielorte umgrenzt. Mit Stiften kann man das, was als Spielrequisit gebraucht wird, auf Papier oder festem Karton aufmalen wie z.B. den Korb mit Obst. Weitere Requisiten (Spielutensilien) wie Zauberstäbe oder Hüte können mit der Spielgruppe gebastelt werden. Und gewiß gibt es in der Verkleidungskiste für den Zauberer, die Hexe oder die Königin ein Tuch als Umhang oder für die Handwerker eine Mütze.

Methodisches

So-tun-als-ob

„Ich bin jetzt die Prinzessin" und „Das wäre jetzt mal was zu Essen" sind Vereinbarungen, die man im freien Spiel der Kinder immer wieder hört. Es ist für sie gang und gäbe, Gegenstände anders als in ihrer ursprünglichen Funktion zu verwenden. Ebenso kommt es vor, daß sie ohne reale Gegenstände spielen und z.B. nur die Hand ballen, um zu zeigen, daß sie ein Glas oder ein Eis in der Hand halten würden. Eine Erweiterung dieses Spielprinzips ist das So-tun-als-ob: der Gegenstand wird gestisch und/oder durch eine mimische Aktion dargestellt. Das heißt: Das imaginäre Glas wird mit der Hand so ergriffen wie es seinem vermutlichen Umfang entspricht. Indem wir dieses imaginäre Glas zum Mund führen und daraus trinken (ggf. mit einem untermalenden Geräusch wie Gluck-gluck-gluck), verdeutlichen wir diesen Gegenstand durch eine typische Tätigkeit. Mit dem So-tun-als-ob wird die Aufmerksamkeit der Spieler auf die Funktionen, Beschaffenheit (Größe, Material usw.) sowie die Einzelheiten einer Sache/eines Gegenstandes gelenkt.

Einstiegsspiele

sind Spielformen, die die Gruppe auf die kommende Spielsituation einstimmen. Es kann sich dabei um eine thematische Vorbereitung handeln (z.B. in Form eines Kreisgespräches), um eine körperliche (den Körper wach bzw. fit machen) oder um ein immer wiederkehrendes Einstiegsritual. Im Kindergarten- und auch Familienalltag gibt es oft eine Reihe von immer wiederkehrenden Handlungen, die bestimmte Situationen einleiten oder strukturieren wie der Stuhlkreis zu Beginn der Woche, die Art und Weise, eine Mahlzeit zu beginnen bzw. zu beenden, oder die Form, den Geburtstag eines Kindes in der Kindergartengruppe zu feiern. Entsprechend können auch immer wiederkehrende Spielrituale entwickelt werden, die jede Spielrunde eröffnen wie z.B. das Aufzugspiel (siehe Kapitel 2). Die Gruppe fährt zu Spielbeginn mit dem Aufzug in die jeweilige Spielsituation oder an den Spielort (z.B. eine Wohnung, ins Zauberland, eine Tierhandlung usw.).

Immer dabei: die zentrale Spielfigur

Hilfreich für ein kontinuierliches Spielprojekt ist die Einführung einer zentralen Spielfigur, die von ihrem Charakter oder Aussehen spielanimierend ist und in jeder Spielrunde etwas erlebt oder in Situationen gerät, die die Kinder aus ihrem Alltag kennen. Sie ist Aktions – und Identifikationsfigur für die Spiele und Projektionsfläche für das, was die Kinder sich vorstellen (Phantasie, Wünsche, Träume), was sie beschäftigt (eigene Erfahrungen, Probleme, Ängste usw.). Es kann sich dabei sowohl um eine reale Person handeln als auch um eine Phantasiegestalt wie zum Beispiel Schussel Fusselkopp. Man erkennt ihn sofort an seiner Wuschelmütze. (Das Kind, das die Rolle im Spiel übernimmt, trägt zur Kennzeichnung diese Mütze). Er ist ein bißchen schusselig und stellt

deswegen manchmal die Dinge etwas auf den Kopf. Für die Kinder ist sofort klar: „Aus dem seinem Kopf, da fusselt's! Da kommt so komisches Zeug raus! Das ist halt einer, der ist 'n bißchen fusselig!"
Im Kreisgespräch, mit dem die Spielstunde beginnt, kommt zur Sprache, was Schussel Fusselkopp dieses Mal erlebt/erleben könnte oder was (mit) ihm passiert. Manchmal bieten sich dafür, Spielthemen an, die in Verbindung stehen mit aktuellen Erfahrungen und Erlebnisse aus dem Kindergarten- oder Familienalltag sowie der Fernseherlebniswelt. Kurz vor den Ferien oder nach den Ferien, ist das Wegfahren und Urlaubmachen natürlich auch für Schussel Fusselkopp ein Thema. Manchmal entstehen im Anfangsspiel weitere, neue Themen und Situation. Dann ist abzuwägen, ob oder inwieweit man darauf eingeht und das Konzept für diese Spielrunde verändert oder für das nächste Mal eine eigene Themeneinheit konzipiert.
Eine weitere Möglichkeit für eine zentrale Spielfigur ist der „Kleine König der Dinge" wie er in verschiedenen Spielen im Kapitel 4 immer wieder vorkommt.

Die Rolle der Spielleitung

ist vor allem die der Anleiterin – ggf. auch in Form einer Rolle innerhalb des Spiels wie z.B. als Reiseführerin, Verkäuferin, Erzählerin, Zirkusdirektorin. Die Spielleiterin eröffnet das Spiel, erklärt die Spielregeln, den Verlauf und sorgt bei Bedarf für neue

Spielimpulse. Sie achtet auf die Einhaltung der notwendigen Spielregeln und ermutigt zurückhaltende Mitspieler.

2. Einstiegsspiele – Spielanlässe

Körperfitness

So wie wir uns zu Beginn des neuen Tages recken und strecken, um den Schlaf und die Müdigkeit abzuschütteln, so kann auch das Wachmachen unseres „Spielkörpers“ am Anfang einer Spielrunde stehen. Entweder wenden wir uns einem Körperteil wie den Fingern oder Händen zu, die für das kommende Spiel von Bedeutung sind oder wir nehmen einen aktuellen Körperausdruck (z.B. unsere Sitzhaltung, unsere Mimik) als Spielanlaß.

Fingerfertigkeiten

Kreis- und Erkundungsspiel – alle tun das Gleiche
Anmerkung: auch schon für jüngere Kinder; Erkunden von Bewegungsmöglichkeiten mit den Fingern
Material: keines

Wir probieren:
Welche Bewegungen können wir mit den Finger machen: jedem einzelnen, allen zusammen oder im Wechsel. Wir machen die Finger gerade (durchdrükken) und spreizen sie auseinander so weit es geht. Dann drücken wir sie wieder dicht aneinander und

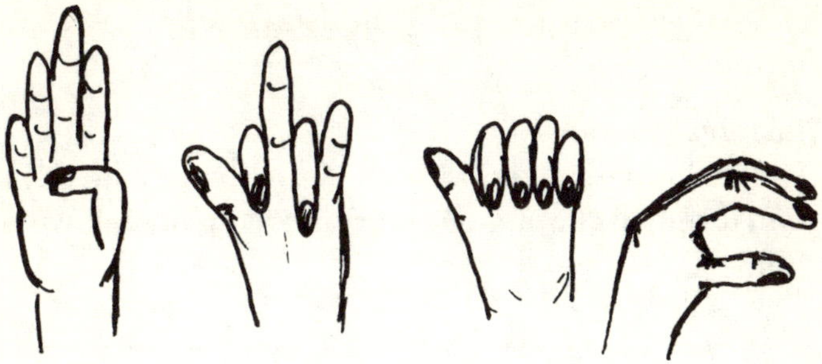

spreizen sie. Sind alle Finger ausgestreckt, wird einer nach dem anderen abgeknickt: vom kleinen Finger bis zum Daumen. Wer schafft es auch in umgekehrter Reihenfolge? Wir knicken nur jeden zweiten Finger nach innen zur Handfläche.
Vier Finger stehen dicht an dicht nebeneinander und nur der Daumen wird zur Handinnenfläche abgeknickt und wieder weggestreckt.
Wir legen die Fingerspitzen der beiden Hände aneinander.
Die Finger krabbeln und zappeln – schließen sich zur Faust – verstecken sich – Finger verhackeln sich – nur der Zeigefinger streckt sich in die Höhe, die Finger krümmen sich zu Krallen usw.

Erweiterung:
Wir bilden mit den Fingern beider Hände Formen (Kreis, Dreieck, Rechteck). Die Finger werden zu Spielfiguren: Z.B. der Zeigefinger der rechten Hand begrüßt den Zeigefinger der linken: „Guten Tag! – Guten Tag." Wir begrüßen mit einem Zeigefinger den Zeigefinger unseres Sitznachbarn, der nun ebenso

seiner Nachbarin begrüßt undsoweiter – im Kreis herum.

Bastelvorschlag:
Auf die Fingerspitzen werden Gesichter gemalt oder man formt aus Papier „Fingerhüte", die bemalt werden.

Wenn Hände tönen

Kreis- und Erkundungsspiel
Anmerkung: Ausdrucksmöglichkeiten der Hände erkunden – einer macht etwas vor, die anderen wiederholen es
Material: keines

Wir probieren:
Hände schütteln, im Handgelenk abknicken/kreisen lassen, winken usw. Welche unterschiedlichen Geräusche kann man mit den Händen machen? Wie klingt es, wenn man sie aneinanderklatscht – wenn die Fingerspitzen auf die Handinnenfläche klopfen – wenn die Hände auf die Schenkel/den Bauch/die Wangen klopfen – wenn die Zeigefinger applaudieren – wenn Hände aneinandergerieben werden ...?

Fußspielereien

Bewegungsspiel im Sitzen
Anmerkung: Geschicklichkeit und Beweglichkeiten erkunden
Material: keines

Wir probieren:
Alle sitzen auf einem Stuhl im Kreis. Die Füße stehen auf dem Boden: mal parallel nebeneinander und mal drehen wir sie auf den Fersen nach außen, so daß sie wie bei Charly Chaplin stehen: die Fersen berühren sich und die Zehen zeigen so weit wie möglich nach außen/mal heben wir den rechten, mal den linken Fuß an/die Zehenspitzen drehen sich zueinander/die Fußsohlen schauen sich an/mal steht der rechte Fuß genau vor dem linken, so daß die Ferse an die Zehen anstößt, mal umgekehrt/wir stellen uns wie eine Ballerina auf die Zehenspitzen oder stellen uns auf die Fersen, so daß die Zehen in die Luft

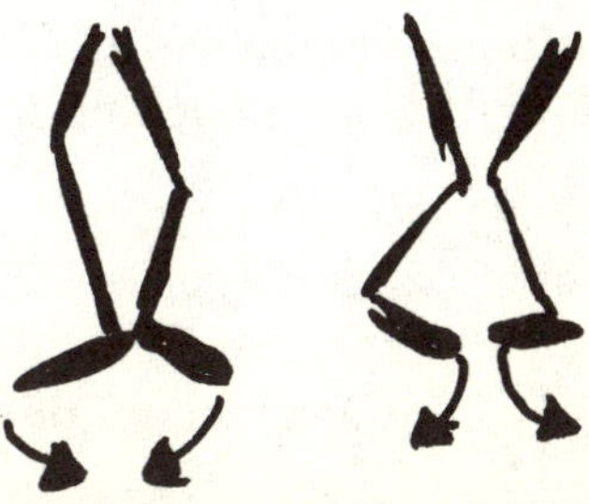

schauen und Winkbewegungen machen können. Wer kann sich abwechselnd mal auf die rechten, mal auf die linken Zehenspitzen stellen? (Rhythmen ausprobieren: z.B. zweimal links und einmal rechts)/Wir schleichen auf Zehenspitzen oder verstecken die Füße so gut es geht/Wer kann mit den Füßen klatschen?/Welche Geräusche kann man mit den Füßen machen (stampfen, trippeln, marschieren, ...)

Variation:
Welche anderen Bewegungsmöglichkeiten ergeben sich, wenn man auf den Füßen steht. Wer kann zum Beispiel auf einem Bein stehen?

Bitte Sitzhaltung einnehmen

Kreis- und Wahrnehmungsspiel
Anmerkung: genaues Hinschauen; einfache Vorübung zum Darstellen
Material: keines

Ausgangssituation:
Alle sitzen im Stuhlkreis. Schauen wir uns mal um, welche Sitzhaltung die verschiedenen Spielerkinder eingenommen haben? Der eine schlägt die Beine übereinander, die andere sitzt fast kerzengerade.

Wir probieren:
die Sitzhaltung eines Kinder so genau wie möglich zu übernehmen. Welche weiteren Sitzhaltungen gibt es? Zum Beispiel auf dem Stuhl lümmeln, die Beine

„verknoten", breitbeinig sitzen, sich möglichst klein machen ...
Jeder probiert eine ungewöhnliche – unmögliche – unbequeme Sitzhaltung. Wie sitzt man, wenn man müde, schlapp, unruhig oder traurig ist?

Erweiterung:
Was einem auf dem Stuhl so alles passieren kann: Man ist „festgeklebt" – der Stuhl wackelt, weil ein Stuhlbein nicht in Ordnung ist – irgend etwas zwickt; hat etwa jemand etwas Stachliges auf den Stuhl gelegt? – was passiert, wenn man sich in eine Reißzwekke setzt? – Au!

Hallo und guten Tag

Begrüßungsspiel – alle bewegen sich im Raum
Anmerkung: ungewöhnliche Bewegungen und Formulierungen (Begrüßungsworte) erfinden und ausprobieren
Material: keines

Ausgangssituation:
Manche Leute geben sich zur Begrüßung die Hand, andere nicken sich nur zu oder winken von weitem mit der Hand. Manche umarmen sich, begrüßen sich mit einem Kuß (oder gar Zweien!) und wieder andere (wie die Eskimos) reiben sich die Nasen aneinander. Früher gab es auch noch die Verbeugung, den (Hof-)Knicks und das Niederknien (der Untertanen vor ihrem Herrscher).

Wir probieren:
Alle bewegen sich kreuz und quer im Raum und winken einander zu mit „Hallo!" bis die Spielleiterin diese erste Runde beendet. In der zweiten Runde kommen wir uns näher und geben uns die Hände. Wer hat als Erster allen Mitspielern einmal die Hand geschüttelt? In der folgenden Runde erfinden wir eine neue, andere Begrüßungsart – mit den Händen oder mit anderen Körperteilen. Und weil eine neue Form auch andere Begleitworte braucht, erfinden wir noch nie gehörte Begrüßungsworte und probieren sie gemeinsam aus. Zum Beispiel: Man reibt sich zur Begrüßung die Schultern aneinander und sagt dazu

„danke-danke“. Oder man wackelt zum Gruß mit dem Kopf und dazu heißt es „Oh-iaa, oh-iaa“.

Erweiterung:
Nach der Begrüßung gibt es einen kurzen Nonsensdialog. Zum Beispiel nach der vereinbarten Begrüßung, fragt der eine: „Wie geht's denn deinen sauren Socken?“ Und als Antwort kommt: „Ach ja, das Frühstück war heute baumhart.“ Danach trennen sich die beiden wieder und suchen sich für eine neuerliche Begrüßung mit Kurzdialog einen anderen Partner.

Mit dem Aufzug rauf und runter

Darstellungs- und Bewegungsspiel –
alle zusammen

Anmerkung: als Einstiegsritual, erfordert Konzentration auf Einzelheiten

Material: Seile oder Stöcke für die Umgrenzungen des abgeschlossenen Aufzugsraumes.

Ausgangssituation:
Ein Aufzug, was ist das eigentlich für ein Ding und wie funktioniert er? „Mit'm Aufzug kann man rauf- und runterfahren.“ (Kim, 4) – „Wenn ich meine Tante besuche, dann fahr'n wir immer mit'm Aufzug bis zu ihrer Wohnung hin, weil die wohnt nämlich ganz weit oben.“ (Sebastian, 5) – „Da drückt man erst auf so'n Knopf und dann geht die Tür auf und wieder

zu." (Anna, 4,5) – „Und dann kribbelt's so im Bauch", ergänzt Julian (3,5).

Wir probieren:
Mit Stöcken oder Seilen wird ein ausreichend großer Spielraum als Aufzug abgegrenzt. Die Tür wird von einem Spielerkind dargestellt, indem es z.B. einen Arm seitlich ausstreckt. Um den Aufzug zu öffnen, muß an der Tür ein „Knopf" gedrückt werden (z.B. an der Schulter des Spielkindes – vorher vereinbaren!). Die Tür öffnet sich (der Arm wird waagerecht zurückgezogen oder wie eine Schranke gesenkt). Nach einem kurzen Augenblick schließt sich die Tür wieder automatisch: Der Arm fährt (langsam oder ruckartig) in die vorherige Position zurück. Verschiedene Spielkinder erproben sich in der Rolle der Tür oder des Türöffners, und dabei wird die Anfangssequenz mit Geräuschen erweitert. Beim Drücken des Aufzugknopfes gibt der Türspieler einen Signalton (z.B. „Bibb") von sich, und auch das Öffnen und

Schließen der Tür wird von einem Ton (z.B. „öh-öh-öh-öh-öh“) begleitet.
Im Innenraum des Aufzuges gibt es eine Tastatur mit Knöpfen, mit denen man das jeweilige Stockwerk anwählt. An welcher Seite und in welcher Höhe befindet sich die Tastatur? (Ort und Größe festlegen) Achtung: die Knöpfe immer an der gleichen Stelle und in gleicher Höhe betätigen! Wird einer der Knöpfe gedrückt, ist ebenfalls ein Geräusch zu hören: Der knopfdrückende Spieler macht einen entsprechenden Ton (z.B. einen Vokal – Iiih!). Ganz klar: Je höher die Taste angebracht ist, um so höher hinauf fährt der Aufzug, und je höher hinauf man will, desto höher tönt der Signalton. Umgekehrt: Der Signalton wird immer tiefer je weiter man nach unten fährt. Alles klar? Also dann bitte einsteigen! Und los geht's!

Spielverlauf:
Einer der Spieler drückt den äußeren Aufzugknopf – Bibb! – und – öh-öh-öh-öh-öh – öffnet sich die Aufzugstür. Alle steigen ein und stehen dicht gedrängt. Ein anderer Spieler übernimmt den Tastendruck im Aufzug (hoher Ton): Wir fahren zuerst nach oben. Die Spieler machen während der Aufzugfahrt ein gleichbleibendes Geräusch (schschschsch) und strekken sich, bis sie auf den Zehenspitzen stehen. Mit einem Ruck bleibt der Aufzug stehen, und wir kommen wieder auf den Füßen zum Stehen. Die Tür öffnet sich (Ton). Aber oh je! Wir sind zu weit gefahren, nämlich bis zum Dachboden. Also wird eine tiefer liegende Taste gedrückt (Ton). Die Tür schließt sich (Geräusch). Der Aufzug fährt nach unten – die Spie-

lerkinder gehen langsam in der Hocke. Die Tür öffnet sich (Geräusch) und wir erkennen: Wir sind im Keller. Also nochmals einen Knopf drücken (Ton) und die Tür schließt sich (Ton). Hoffentlich bringt uns der Aufzug dieses Mal in die richtige Etage! Die Tür öffnet sich (Ton) und wir sind erleichtert. Es hat geklappt: Wir sind am Ziel angekommen.

Variation:
Statt des Aufzuges kann man auch mit einem Verkehrsmittel (Bus/Bahn/Flugzeug/Auto) an den jeweiligen Spielort fahren und diese als wiederkehrendes Einstiegsritual in die Spielrunde benutzen.

Spielanlässe

In Urlaub fahren, krank sein, ein Geschwister bekommen, Schulanfang, der Geburtstag, Rumalbern und Quatschmachen, jemanden ärgern sind einige der Ereignisse und Thematiken, die Kinder immer wieder beschäftigen. Warum also nicht diese Situation oder Thematik aufgreifen für eine Spielgeschichte, wenn sie gerade im Kindergartenalltag akut ist?!

Das Geburtstagsgeschenk

Darstellungs- und Bewegungsspiel mit festumrissenen Einzelaktionen

Anmerkung: sich an Abmachungen halten, Koordination von Bewegung und Geräuschen

Material: keines

Ausgangssituation:
Hat jemand Geburtstag, so heißt das immer auch, daß man ihm ein Geschenk macht, das man entweder kauft oder selber machen kann. Schauen wir uns in einem Laden um, in dem es allerlei bewegende Sachen wie Tiere, Puppen, Autos, Maschinen u.ä. gibt, die man per Knopfdruck in Bewegung setzen kann.

Wir probieren:
verschiedene Fortbewegungsmöglichkeiten aus: hüpfen wie ein Frosch, galoppieren wie ein Pferd, düsen wie ein Auto, staksen wie ein Storch, abgehackt gehen wie ein Roboter usw. und machen die entsprechenden Geräusche dazu. Die Figuren sind automatisch und werden per Tastendruck (z. B. mit einem „Klick" wird ein Schalter auf dem Kopf betätigt) ein – oder ausgeschaltet. Außerdem hat jedes Spielzeug noch eine spezielle Taste (an welcher Körperstelle befindet sich diese?) mit der eine jeweils typische Bewegung in Gang gesetzt werden kann wie das Heben des Arms oder das Schütteln der Pferdemähne. Manche Spielfigur wie die Begrüß-

ungspuppe kann sogar sprechen. Kaum hat man den entsprechenden Knopf gedrückt, gibt sie ihrem menschlichen Gegenüber die Hand und sagt „Guten Tag. Wie geht es dir?"

Spielverlauf:
Ein Verkäufer führt einem Kunden seine verschiedenen Spielzeuge vor. Diese können z.B. Namen haben wie „Weitspring"/„Schlurfi"/„Begrüßungspuppe"/Ro-ro-bo-bo-ter/Drehballerina/Singende Spieluhr, die bereits etwas über deren Fähigkeit aussagen. Achtung: sollte eine Figur mal nicht funktionieren, könnte es daran liegen, daß die Batterie ausgetauscht werden muß. Also den Deckel am Rücken „abschrauben", die alte Batterie herausholen und eine neue einsetzen – und schon läuft sie wieder.

Variation:
Diese oder ähnliche Figuren können auch als Spielfiguren in einem Nummernprogramm (siehe folgendes Spiel „Die Quatsch-Show") oder als besondere Attraktion in einem Zirkus auftreten.

Die Quatsch-Show: Sich krumm und schief lachen

Gestaltungsspiel mit Tönen

Anmerkung: beliebig ausbaubares Nummernprogramm entsprechend der Bedürfnisse und Bereitschaft der Mitspieler

Material: keines

Ausgangssituation:
„Wir wollen Quatsch machen", tönt es mir gleich beim Betreten des Raumes entgegen. „Und wie geht das?" frage ich. „Naja, da muß man so Sachen machen, daß die Leute lachen!" Ja, vor allem Lachen, stimmen die anderen zu und kichern und grölen schon wieder herum. Gut, dann machen wir eine Quatsch-Show.

Wir probieren:
verschiedene Lacharten wie z.B. das (verschämte) Kichern, das laute Herauslachen (mit oder ohne Schenkelklopfen), glucksendes Gelächter, Lachen in den höchsten/tiefsten Tönen, sirenenartiges Gelächter oder man versucht verzweifelt das Lachen zu unterdrücken. Und das Krumm-und-schief-Lachen wirkt sich natürlich auf den ganzen Körper aus: je länger man lacht, desto mehr gerät der ganze Körper in Schieflage (seitlich, nach hinten oder nach vorne). Jeweils ein Spieler gibt eine Lachart vor, die die anderen wie ein Echo so genau wie möglich wiederholen. Der nächste, andersklingende Lacher bitte!

Erweiterung:
Eine besondere Lachart kann die immer wiederkehrende Kurznummer sein zwischen anderen „Auftritten" wie den „Automatischen Spielsachen" (siehe vorheriges Spiel) oder dem Grimassenschneiden. Dabei wird jeweils ein Gesichtsausdruck (grimmig, grinsend, mit herausgestreckter Zunge, weit aufgerissenen Augen usw.) im Kreis herumgegeben, von einem Spieler zum anderen oder die vom Nachbarn übernommene Grimasse wird verändert an den nächsten Spieler weitergegeben.

Wenn die Krankheit ins Haus kommt

Bewegungs- und Darstellungsspiel mit verschiedenen Stationen – alle machen das Gleiche und jeder auf seine Art.

Anmerkung: Thematisches Einstiegsspiel mit Zuordnungen und Benennungen von Körperteilen

Material: ein Signalinstrument (Pfeife, Gong o.ä.)

Ausgangssituation:
Anlaß und Auslöser, sich mit dem Kranksein spielerisch zu beschäftigen, kann sowohl eine der tagtäglich vorkommenden Verletzungen sein wie das aufgeschlagene Knie, der Kratzer am Bein oder eine der (Kinder-) Krankheiten, die immer mal wieder die Runde machen, so daß heute dieses und morgen ein anderes Kind nicht in den Kindergarten kommt. Und

woran erkennt man, daß jemand krank ist? „Mein Bruder hatte einen ganz heißen Kopf." (Dani, 5) „Ich war ganz schlapp und müde." (Pia, 4) „Da tut einem was weh". (Timi, 5)

Spielverlauf:
Erst gehen/hüpfen/springen alle ganz fröhlich und munter durch den Raum. Erklingt das Tonsignal, bleiben alle wie angewurzelt stehen. Nun macht sich die Krankheit bemerkbar: Alle gehen ganz schlapp im Raum herum, immer langsamer, die Schultern und die Arme werden ganz schwer und hängen herunter, die Augen werden ganz klein und müde, die Füße sind so schwer, daß man sie kaum mehr heben kann, der Kopf kippt vorne über. Die Bewegungen werden so langsam wie möglich (Zeitlupentempo). Schließlich hat man sogar keine Kraft mehr zum Weitergehen und bleibt stehen. Wir greifen uns an die Stirn. Oh, die ist ja glühend heiß, so daß man sich fast die Hand verbrennt und gleich darauf packt einen der Schüttelfrost. Alle bibbern und zittern, klappern mit den Zähnen – und dann wird man müde und gähnt. Beim Tonzeichen sinken alle in einen tiefen, tiefen Schlaf (auf einem Stuhl oder zu Boden). Man hört nur Atmen und Schnaufen. Mit dem Schlaf kommt allmählich die Gesundheit zurück. Alle werden langsam wach, rappeln sich auf bis sie wieder auf ihren beiden Beinen stehen – gestärkt und mit neuer Kraft. Mal schauen, ob wirklich alles okay ist. Was ist mit dem Kopf, dem Mund, dem Hals, dem Bauch, dem Knie ...? Alle ergreifen das jeweils genannte Körperteil: „Noch da!" Prima, dann sind wir ja für neue Taten bereit!

Variation – Noch mehr Krankheiten:
Wir probieren andere Krankheitssymptome wie Husten und Niesen, sich die verschnupfte Nase putzen, das Jucken (z.B. bei Windpocken) oder das Gipsbein, mit dem man nur herumhumpeln kann.

Wehweh und Aua

Kreisspiel in der Gruppe mit Intonierungen
Anmerkung: als Einstieg – auch für größere Gruppen
Material: keines

Ausgangssituation:
Unglaublich, was einem so alles wehtun kann! Es gibt Wehwehs von Kopf bis Fuß und wenn es irgendwo und irgendwie wehtut, dann ist es auch erlaubt, ein wenig zu jammern und zu klagen.

Wir probieren:
„Oh, oh mein Kopf. Mein Kopf!" Und alle greifen sich an den Kopf und jammern. Auf diese Art und Weise werden verschiedene „Wehwehs" wie Ohren-, Zahn-, Bauch-, Knie-, Fußweh usw. durchprobiert.

Variation:
Ein Aua- und Weh-weh-Orchester: Wie ein Instrument gibt es für jedes Kind ein zuvor vereinbartes Wehweh mit Gestik und Tonabfolge (z.B. sich die Wange halten mit „Au-aua-au"). Die Spielleiterin

übernimmt die Rolle einer Dirigentin und gibt jedem Spieler per Handzeichen den Einsatz oder beendet diesen mit einer deutlichen Geste. Dabei können mehrere „Instrumente" gleichzeitig zu hören sein oder es gibt auch Soloeinsätze.

Krankenbesuch

Darstellungsspiel mit Kettenreaktion
Anmerkung: Konzentration, genaue Wahrnehmung und Gruppenaktion
Material: zwei Stühle, ein Tuch/eine Decke

Ausgangssituation:
Einer ist krank und liegt zugedeckt (Tuch) in seinem Bett (zwei Stühle). Die Freunde kommen ihn besuchen.

Spielverlauf:
Einer nach dem anderen klopft an die Tür (poch-poch). „Herein" klingt es etwas schlapp vom Krankenbett und der Besuch betritt den Raum und erkundigt sich nach der Krankheit: „Was hast du denn?" – Der Kranke spielt seine Beschwerden (nicht mehr als drei): „Mir tut der Kopf so weh und der Bauch auch." Es klopft erneut, ein weiterer Besucher kommt, erkundigt sich beim ersten Besucher nach den Beschwerden des Kranken. Der erste Besucher wiederholt die Gestik und Worte des Kranken für den zweiten Besucher, der diese wiederum so genau wie möglich an den folgenden Besucher weitergibt und so weiter und so fort. Zum Schluß stehen alle Freunde um das Krankenbett herum. Was können sie für den Kranken tun? Wie wäre es mit einem großen Topf Gesundmacherbrei, den alle gemeinsam herbeischleppen. Oder alle holen einen Riesenblumenstrauß mit Schmunzelblumen, Streichelblüten, Sonnenscheinblättern u.a. (dargestellt nach der Als-ob-Methode). Oder sie versuchen den Kranken aufzuheitern. Wie? Na, probieren wir es z.B. mal mit lachenden Gesichtern.

Die drei Krankenwünsche

Gruppenspiel mit Einzelaktionen
Anmerkung: auch als Fortsetzung zu „Krankenbesuch"
Material: zwei Stühle als Bett, ein Tuch als Decke, eine Glocke oder Klingel

Ausgangssituation:
Der Kranke liegt im Bett. Vor dem Krankenzimmer warten die Freunde. Läßt der Kranke seine Klingel oder Glocke ertönen, betreten die Freunde den Raum.

Spielverlauf:
Einer der Besucher erkundigt sich nach dem Wunsch des Kranken, und das Gewünschte wird ihm gestisch gebracht: „Hier ist die Banane/der Keks/die Schokolade/das Eis/das Bilderbuch ..." (wie hält man den jeweiligen Gegenstand? Wie groß ist die Sache?) Danach verlassen alle wieder den Raum bis der Kranke erneut per Glocke oder Klingel die Freunde hereinruft, um einen neuen Wunsch zu äußern, den nun ein anderes Kind erfüllt. Sind dem Kranken drei Wünsche erfüllt worden, wird er wieder gesund und kann aufstehen. Aber oh weh, da hat sich einer der Freunde angesteckt. Wen hat es dieses Mal erwischt? Der neue Kranke nimmt den Platz auf dem Krankenlager ein und das Kranken-Wunschspiel beginnt von Neuem.

3. Allerlei aus Alltag und Umwelt

Alltag, das ist das, was wir alle kennen, was uns vertraut ist. Das sind jene immer wiederkehrenden Tätigkeiten wie schlafen, essen oder spielen. Zum Alltag gehören bestimmte Personen wie die Eltern, Geschwister, die Kindergartengruppe, die Nachbarn ebenso wie Gegenstände, mit denen wir tagtäglich zu tun haben. Das können Spielsachen sein oder auch (technische) Geräte wie das Telefon, TV. Darüber hinaus gibt es Personen, Örtlichkeiten und Dinge, die wir (noch) nicht kennen, die aber unsere Neugierde wecken und die Bestandteil unserer Lebensumwelt sind wie z.B. das Auto, der Computer, der Nachrichtensprecher, der Garten. Aus der Vielfalt dessen, was alles zum Alltag gehört/gehören kann, sind im folgenden Spielmöglichkeiten aus fünf Bereichen ausgewählt, die für Kinder entweder vertraut sind wie Schlafen & Träumen, Kochen & Essen, Telefonieren, von besonderer Bedeutung sein können wie das Wohnen (Nachbarn und Geräusche) oder von Interesse sind wie die Tierhandlung oder der Rummelplatz.

Vom Schlafen, Träumen und Wecken

Darstellungs- und Reaktionsspiel mit Tönen
Anmerkung: sich eine Vorstellung machen und diese kreativ umsetzen; auch für größere Gruppen
Material: keines

Ausgangssituation:
Es gibt viele Möglichkeiten wach zu werden, eine davon ist der klingelnde Wecker. Doch nicht alle Wecker klingen gleich.

Wir probieren:
verschiedene Wecker klingeln bzw. Wecktöne, die durch Lautmalereien nachgeahmt werden, wobei auch Rückgriffe auf die Comicsprache möglich sind: „Meiner Mama ihrer klingelt Ding-ding-ding, ding-ding-ding." – Bei Lea Zuhause macht der Wecker „piiiep-piiiiep". „Wir haben einen, der macht wie ein Hahn: Kikeriki" – „Ich kenn einen der macht erst ganz laut tick-tack-tick-tack und dann trrrrrrrr!" – „Also, der bei uns geht so: üt-üt. Üt-üt".

Der Spielverlauf:
Alle sitzen im Stuhlkreis zusammengesunken und schlafen. Die Spielleitung macht verschiedene Geräusche (schmatzen, sich räuspern, husten, gähnen usw.). Bei jedem Geräusch nehmen die Spieler umgehend eine andere Schlafhaltung ein und verharren in dieser. Erst wenn das zuvor vereinbarte Weckerklingeln ertönt (intoniert von der Spielleitung oder einem Kind, das die Rolle des Weckers übernommen

hat), wachen die Schläfer auf und recken und strekken sich.
Wer hat etwas geträumt? Oder von was würde man gerne mal träumen?

Variation:
Alle nehmen auf ihrem Stuhl eine Schlafhaltung ein. Man hört es leise schnaufen und schnarchen. Die Spielleitung gibt an, wovon die Schläfer gerade träumen, und diese machen die entsprechenden Geräusche dazu. Zum Beispiel: „Alle träumen von einem leckeren Essen. Jedem läuft das Wasser im Mund zusammen und man hört es schmatzen." (Die Spieler schmatzen bei geschlossenen Augen.) Beendet wird das jeweilige Traumgeräusch durch ein Weckerklingeln, das alle aus dem Schlaf holt (Augen auf und aufrecht sitzen) – bis sich allmählich wieder Schlaf über sie legt. Sie sinken in sich zusammen und träumen erneut – dieses Mal z.B. von einem hupenden Auto/einer Säge/einer summenden Biene ... (die Spielleitung benennt Aktionen, deren Töne sich auf einfache Weise nachahmen lassen).

Alles aufwachen! Oder wie man den Schlaf vertreibt

Einstiegs- und Aufwärmspiel

Anmerkung: Bewegungsübungen für den ganzen Körper; ausreichend Bewegungsraum für jeden Spieler

Material: keines

Nach dem Wachwerden wecken wir einen Körperteil nach dem anderen. Beginnen wir mit dem *Kopf*, den wir leicht hin und herschütteln, als wollten wir den Schlaf abschütteln. Dann den Schlaf aus den *Augen* reiben – mit den Augen klimpern: Augen auf und Augen zu – Leicht die *Wangen* wach klopfen – die *Nase* reiben, wackeln, rümpfen – den *Mund* in Bewegung bringen: Kußmäulchen machen, Lippen aufeinanderpressen, einen O-Mund/I-Mund machen, kräftige Kaubewegungen. Dann klopfen und oder reiben wir leicht unseren ganzen Körper wach: die *Arme* entlang, die *Brust* über den *Bauch* und die *Beine* hinunter. Die *Füße* wachschütteln und in den Gelenken drehen. Ebenso die *Hände* schütteln und mal rechts, mal links herumdrehen lassen. Zum Abschluß lassen wir unseren ganzen Körper mit leichten Hüpfern schlenkern und schlackern bis auch das letzte Schlafkörnchen aus uns draußen ist.

Morgentoilette

Darstellungsspiel

Anmerkung: auch als Einstiegsspiel; einfache Alltagstätigkeiten werden in ihre Einzelaktionen zerlegt und im So-tun-als-ob nachgespielt; Konzentration und Aufmerksamkeit auf Einzelheiten

Material: keines

Ausgangssituation:

Nach dem Aufstehen heißt es Waschen und Zähneputzen. Also: auf ins Bad! Was braucht man alles zum Zähneputzen? Einen Zahnputzbecher (mit der Hand die entsprechende Größe umfassen) und eine Zahnbürste (wie hält man diese in der Hand?). Wir nehmen die Zahnpastatube in die eine Hand (entsprechend dem Tubenumfang wird die Hand geformt) und öffnen sie mit der anderen Hand (der Deckel wird hochgehoben/der Verschluß aufgeschraubt). Wir prüfen das Wasser und drehen dazu den Wasserhahn auf (Ton) und wieder zu.

Haben wir alles zusammen, kann es losgehen mit dem Zähneputzen – Schritt für Schritt, so daß jede Aktion deutlich sichtbar wird.

Wir probieren:

Den Zahnputzbecher mit Wasser zu füllen (Wasserhahn auf – und zudrehen) – Zahnpastatube in die Hand nehmen und öffnen – in die noch freie Hand nehmen wir die Zahnbürste, auf die wir einen Streifen Zahnpasta drücken und dann werden die Zähne gebürstet und gerubbelt nach allen Richtungen – Mund ausspülen – und zum Schluß: Zahnbürste sauber machen und alles wieder zurückstellen. Fertig!

Weiterführende Aktionen:
Auf die gleiche Weise kann man nun das Waschen und Anziehen erspielen und dabei sowohl auf die richtige Reihenfolge als auf Einzelheiten achten wie das Auf- und Zudrehen des Wasserhahns, das Abtrocknen, Hemd überziehen, erst die Strümpfe, dann die Schuhe anziehen usw.

Wie das riecht und schmeckt!

Geruchs- und Geschmacksspiel

Anmerkung: Wahrnehmungen sensibilisieren; die Gruppe sollte nicht zu groß sein

Material: kleine Schälchen oder Teller mit unterschiedlichen Duft-und Geschmacksdingen wie Seife, Zahnpasta, Gras (Laub), eine duftende Blume, Lebensmittel wie z.B. Salz, Zucker, Marmelade, Gewürze wie Pfeffer oder Thymian u.a., Zimt, Zitrone, Ketchup, Senf, ein Stück Apfel/Kartoffel/Brot. Eine Augenbinde.

Ausgangssituation:
Jeder weiß wie sehr das Riechen das Schmecken beeinflußt. Wer erkältet ist und die Nase voll hat, schmeckt wesentlich weniger. Bevor wir uns ans Kochen machen, erproben und sensibilisieren wir unseren Geruchs- und Geschmackssinn.

Wir probieren:
Einem Kind werden die Augen verbunden, und dann läßt man es an einem Teller oder Schälchen schnuppern. Na, wie riecht es (Beschreibung eines Geruchs)? Um was könnte es sich handeln?

Variation:
Der Tester (Augen verbunden) bekommt die Aufgabe, aus den dargebotenen Waren eine bestimmte Sache (z.B. die Zitrone) herauszuschnuppern.

Erweiterung:
In einer zweiten Testreihe werden nur solche Waren zusammengestellt, die (mit verbundenen Augen) auch zu erschmecken sind. Vorsicht: keine scharfen Gewürze!

Na, wie schmeckt's?

Darstellungs- und Reaktionsspiel

Anmerkung: die Gruppe sollte nicht zu groß sein; Geschmack oder Geruch wird durch eine entsprechende Aktion dargestellt

Material: ein Kochlöffel, ein Seil oder Schal

Alle Spieler sitzen um einen Kochtopf, der durch ein kreisrund gelegtes Seil gekennzeichnet ist. Wer das Essen probiert, erhält einen Kochlöffel, mit dem er sich eine kleine Kostprobe aus dem Topf herausholt. Na, wie schmeckt's? Der Probierer zeigt eine deutliche Reaktion (z.B. Gesicht verziehen). Ein anderer

Spieler schüttet oder streut eine weitere „Zutat" in den Topf. Der nächste Probierer rührt nun das Essen durch und nimmt wiederum eine Kostprobe, die natürlich anders schmeckt als zuvor (es ist so lecker, das man sich den Mund abschleckt). Aber ein klein wenig mehr davon (es wird erneut etwas hinzugeschüttet) macht das Ganze noch besser. Wer probiert als nächstes? Und wie schmeckt es jetzt? Bei jeder neuerlichen Zutat entstehen neue Reaktionen auf das Essen: es ist so süß, daß einem die Lippen zusammenkleben und die Worte auf ganz ungewohnte Weise aus dem Mund kommen/es ist so bitter, daß der ganze Körper durchgeschüttelt wird/es ist eiskalt und die Zähne frieren (mit den Zähnen klappern)/das Essen wird im Mund immer mehr und mehr (die Wangen aufblasen) … – weitere Reaktionen erfinden und probieren.

Variation:
Es gibt einen Chefkoch, der jeweils einen Mitspieler anweist, ihm eine bestimmte Zutat bzw. ein Gewürz zu bringen. „Hol mir bitte … (Salz/Pfeffer/Mehl …)!" Erhält der Chefkoch das Gewünschte, probiert er es erst einmal, indem er daran riecht (Hatschi! Es handelt sich wirklich um Pfeffer) oder daran schmeckt (Tatsächlich: ein salziger Geschmack macht sich im Mund breit). Aber wer weiß, vielleicht bringt man ihm immer das Falsche: Statt Milch ist es Zitrone und er verzieht nach dem Probieren das Gesicht. Statt Zimt reicht man ihm Pfeffer und das Mehl schmeckt wie Waschpulver!

Viele Köche und der Brei

Darstellungsspiel zum Thema „Kochen"
Anmerkung: auf Einzelheiten sind zu achten; die Spielgruppe sollte nicht zu groß sein.
Material: ein Kochlöffel

Ausgangssituation:
Pommes, Pizza, Hamburger, Reisbrei, Pfannkuchen, Spaghetti – das sind zumeist die Lieblingsgerichte von Kindern. Doch wie werden sie zubereitet? Gekocht? Gebacken? Gebraten? Welche Zutaten braucht man und welche Kochgeräte (Topf, Pfanne usw.)?
Beginnen wir mit einem einfachen Essen wie Reisbrei. Dafür benötigen wir vor allem drei Dinge: Milch, Reis und Zucker und vielleicht gibt es auch eine Prise Salz, etwas Butter, Zimt und Obst zum Verfeinern. Außerdem einen Kochtopf und einen Rührlöffel. Schauen wir, ob in der Küche (Örtlichkeit vorher festlegen) alles Benötigte vorhanden ist wie z.B. ein Herd, ein Kühlschrank, einen Vorrats- und/oder Küchenschrank mit dem Kochtopf. Tatsächlich im Kühlschrank steht die Milch (Tüte oder Flasche) und vielleicht auch die Butter. Im Vorratsschrank finden wir eine Tüte Reis und eine Tüte Zucker. Hoffentlich ist noch etwas Salz im Salzstreuer. Alle Gegenstände und Möbel werden von Spielkindern dargestellt (siehe Kapitel 4 „Aus der Welt der Sachen und Dinge")
Ist der Spielort eingerichtet und sind alle Zutaten vorhanden, kann es losgehen mit dem Kochen. Am besten gibt es einen Chefkoch, der das Rezept kennt

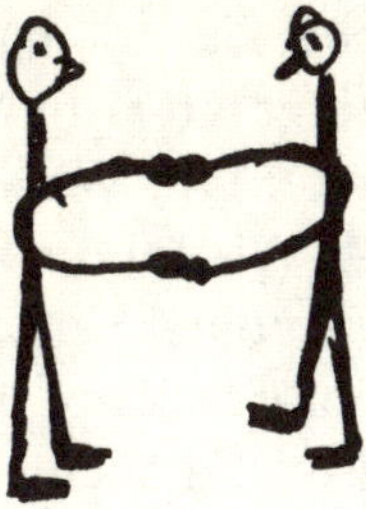

Kochtopf

Herd mit Backröhre

Kühlschrank

Küchenschrank

und die Arbeiten an die verschiedenen anderen Köche verteilt.

Wir probieren:
Als erstes wird der Topf aus dem Küchenschrank geholt und auf den Herd gestellt. Dann: Milch aus dem Kühlschrank holen, öffnen (eine Tütenecke abschneiden oder den Verschluß aufschrauben) und in den Topf schütten: gluck-gluck-gluck. Der Herd wird angeschaltet (Ton) und nach einer Weile beginnt die Milch im Topf zu köcheln (Blubbb! – Blubbb! – immer heftiger und lauter). Jetzt heißt es rasch den Reis

(Tüte oder Dose?) aus dem Küchenschrank holen und in die Milch hineinschütten. Aber jetzt bitte gut umrühren, damit es keine Klumpen gibt. Wer von den Köchen probiert mal wie's schmeckt? Was fehlt noch? Salz? Zucker? Aufgepaßt, damit nicht zuviel Salz hineinrutscht! Und Vorsicht, beim Probieren kann man sich den Mund verbrennen. Ist alles fertig: nicht vergessen, den Herd abzuschalten. Und dann guten Appetit!

Erweiterung:
Hat es mit diesem einfachen Gericht geklappt, können wir uns beim nächsten Mal auch an etwas Schwierigeres wagen wie z.B. Pfannkuchenbacken mit Eiern (aufschlagen), Mixer (Teig durchquirlen) und Pfanne (Teig in die Pfanne).

Essen, speisen oder mampfen

Nachahmungs- und Darstellungsspiel mit fester Abfolge
Anmerkung: auch für größere Gruppen
Material: ein großes (Tisch-)Tuch

Ausgangssituation:
Bitte alle Platz nehmen! Das Essen ist fertig! Die Spielerrunde sitzt auf dem Boden um ein großes Tuch herum (oder auf Stühlen um einen imaginären Tisch). Zum Breiessen brauchen wir einen Teller und einen Löffel. Die Spielleiterin verteilt an jedes Kind einen imaginäre Teller (Größe und Umfang) sowie Besteck.

Dann geht's ans Austeilen: Entweder verteilt die Spielleiterin den Brei oder jeder Spieler nimmt sich selber seine Portion aus dem Topf.

Wir probieren:
das Essen, vorsichtig erst nur einen Löffel voll, weil man ja nie so genau weiß, was einen erwartet. Ob das Essen lecker, bitter, versalzen, verbrannt, klumpig usw. schmeckt, sieht man den Essern natürlich am Gesicht an oder merkt es an ihren Reaktionen wie sich den Bauch reiben oder feste kauen müssen. Und was man nicht alles im Essen finden kann! Da gibt es zum Beispiel das berühmte Haar in der Suppe oder im Brei (mit zwei Finger herausziehen) oder den schon lange gesuchten Spielstein (Finger zeigen die Größe an), ein Goldklümpchen, das Fliegenbein oder, oder, oder. Die „Fundsachen" werden durch eine entsprechende Handhaltung (Größe des Gegenstandes) sichtbar gemacht und durch eine einfache Aktion (den glänzenden Goldklumpen bewundern) verdeutlicht.

Erweiterungen:
Es gibt etwas zu Trinken. Als erstes bekommt jeder ein Glas (wie groß?) in die Hand. Die Spielleitung öffnet die imaginäre Limoflasche (Bewegung des Aufdrehens) und füllt allen das Glas. Das macht Geräusche wie z.B. „Gluck-gluck-gluck.", die das jeweilige Kind, dessen Glas gefüllt wird, nachmacht – aber nur solange wie geschüttet wird!
Als zweiten Gang gibt es Würstchen mit Senf und/ oder Ketchup. Die Würstchen essen wir entweder ganz rustikal mit der Hand oder speisen vornehm

mit Messer und Gabel. Geräuschvoll kommt der Senf oder Ketchup aus der Flasche: „pffff". Achtung: beim Würstchen gibt es – im Gegensatz zum Brei – etwas zu beißen und zu kauen. Wie wäre es mit Nachtisch? Zum Beispiel für jeden eine Banane. Aber Vorsicht: Vor dem Reinbeißen bitte schälen. Vielleicht gibt es auch Eis: für jeden ein Hörnchen mit ein oder zwei Kugeln zum Schlecken. Hm!
Wir probieren weitere Ess-Arten. Wenn man z.B. vornehm speist, mit Messer und Gabel, häppchenweise, mit Serviette. Und die Suppe bitte auf keinen Fall schlürfen. Oder wir mampfen und stopfen wie bei einem Räubermahl mit den Händen, kleckern und schmatzen, Knochen werden abgenagt, um sie dann im hohen Bogen hinter sich zu werfen. Mit dem Handrücken wischen wir uns den fettigen Mund ab – und Rülpsen ist ausnahmsweise nicht verboten!

Telefonieren: Hallo, wer da?

Sprach- und Sprechspiel, Dialogspiel

Anmerkung: Sich formulieren, dem anderen zuhören (Dialogfähigkeit probieren); Phantasiesprachen erfinden und für Sprache (Töne und Rhythmus) sensibilisieren

Material: keines (evtl. Spielklötzchen als Telefon)

Ausgangssituation:
Zum Telefonieren wird als erstes der Hörer abgenommen und dann tippt man eine Nummer in die

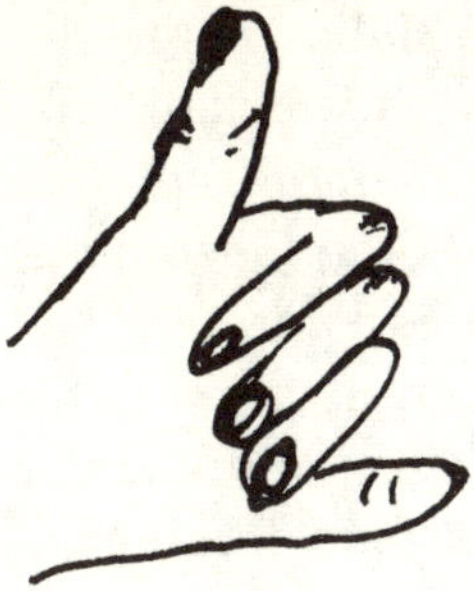

Telefonhörer

Telefon

Tastatur. Ein Klingelzeichen ertönt so lange bis der Angerufene den Hörer abnimmt.

Wir probieren:
statt der Nummernwahl die Namenswahl und tippen dafür den Namen des gewünschten Gesprächsteilnehmers nach Silben rhythmisiert in das „Telefon" (z.B. in die flache Innenhand): „Le-a"/„Dani-el" usw. Danach macht der Anrufer so lange ein Klingelzeichen (Trrrrr) bis der Angerufene seinen Telefonhörer (Daumen und kleiner Finger bilden den Hörer oder ein Kind übernimmt die Rolle) abnimmt und sich meldet.
Dann nimmt das Telefongespräch seinen Lauf. Doch Moment: Weshalb ruft man an (Einladung, Verabredung, Geburtstagswünsche)? Oder worüber könnte man sich unterhalten? (ein Erlebnis im Kindergarten/Zuhause, ein Ausflug, was man – am letzten Wochenende gemacht hat/machen möchte usw.). Das könnte sich zum Beispiel so anhören: „Hallo?" – „Wer

ist'n da?" – „Ich bin die Laura." – „Hallo, hier ist der Jonas. Kommst du heute nachmittag zu mir zum Spielen?" – „Geht nicht, ich fahr' zu meiner Tante!" – „Also dann tschüs." – „Tschüs." Beide Gesprächspartner hängen ein. Und ein neues Paar wird bestimmt, dessen Telefonat wir mithören.
Um jüngeren oder schüchternen Kindern die Scheu des Sprechens zu nehmen, kann man Phantasiesprachen verwenden. Verschiedene Möglichkeiten zuvor in der Gruppe ausprobieren wie z.B. die Iiih – i – ihihi – oder O-A-Sprache, die Blubber-Sprache, die Lallsprache und viele andere. Einmal angeregt haben die Kinder meist viel Spaß am Ausprobieren von phantastischen Tönen.

Erweiterung:
Einmal geraten alle Telefone durcheinander und alle sprechen gleichzeitig bis ein Elektriker (die Spielleitung) die Verbindung durchtrennt. Das dafür vereinbarte Zeichen ist das Andeuten von Schneiden mit Zeige- und Mittelfinger: Schnipp-schnapp. Wird dieses Zeichen gezeigt, ist von keinem der Telefonierenden mehr ein Ton zu hören. Man sieht nur noch die Mundbewegungen und Gesten der Sprechenden – bis ein neuerliches Handzeichen das Zusammenfügen der durchtrennten Leitungen anzeigt. Nun dürfen alle wieder munter und lauthals darauflos plappern.

Das Kettengespräch: „Das muß ich sofort erzählen!“

Dialog-, Sprech- und Fabulierspiel

Anmerkung: Phantasie und verrückte Vorstellungen werden angeregt; bei größeren Gruppen sollte es mehrere Spieleinheiten mit verschiedenen Episoden geben.

Material: keines

Ausgangssituation:
In der Gruppe wird eine kurze verrückte Episode erfunden. Zum Beispiel: Ein Kind ist in einen Milchtopf gefallen und mit einer Milchhaut wieder herausgekommen.
Ein Spieler eröffnet die Runde und ruft den Freund/die Freundin an, um ihm/ihr sofort diese unglaubliche Sache mitzuteilen. Kaum hat der Angerufene aufgelegt, ruft diese/r auch schon einen anderen an, um die Sache weiterzuerzählen. Ganz klar, je häufiger die Begebenheit erzählt wird, desto mehr verändert sie sich. Mal sehen, was am Ende herauskommt.

Wir probieren:
bei jedem neuerlichen Anruf eine weitere Einzelheit hinzuzuerfinden oder ein Detail der Aussage zu verändern. Zum Beispiel: Es handelt sich um dicke, saure Milch – Beim Nächsten fällt das Kind mit seinen gesamten Spielsachen in die Milch. Das Kind ist nicht in einen Milchtopf gefallen, sondern in ein Mauseloch … usw.

Fernsehen

Sprech- und Fabulierspiel

Anmerkung: Medienerfahrungen spielerisch umsetzen und dabei die eigenen Ausdrucksmöglichkeiten einsetzen und erweitern

Material: ein Stuhl und ein größeres schwarzes Tuch, ein Signalinstrument (Gong)

Ausgangssituation:
Eine kleine Fläche wird als Fernsehraum abgegrenzt, in dem es auch einen Stuhl für den/die NachrichtensprecherIn gibt. Das schwarze Tuch liegt als vordere Begrenzung davor und dient sozusagen als Mattscheibe, die am Ende der Sendung an den beiden äußeren Enden von je einem Spielerkind wie ein Vorhang hochgehoben bzw. zu Sendebeginn heruntergelassen wird.

Wir probieren:
Zum zuvor vereinbarten Gongzeichen, das auch mit der Stimme intoniert werden kann, senkt sich das Tuch und die Sendung beginnt. Wir sehen den/die SprecherIn, die uns die neuesten Nachrichten oder die Wettervorhersage verkündet. Welche Art von Nachrichten gibt es bzw. welche kennen die Kinder? „Auf der Autobahn hat es einen großen Unfall gegeben." – „In der Schneiderstraße ist eine Bank überfallen worden." – „In Bayern gibt es Regen und morgen wird es ziemlich warm, so etwa 30 Grad, überall. Und Überübermorgen scheint nur noch manchmal die Sonne. Das war die Wettervorhersage." Zum En-

de der Sendung hebt sich der Vorhang und ein neuer Sprecher nimmt dahinter Platz. Beim nächsten Gongschlag hören wir neue Neuigkeiten.
Die Zuschauer vor dem „Fernsehgerät“ reagieren mit entsprechenden Gesten auf die Nachrichten bzw. Wettervorhersagen. Zum Beispiel: „Juchhu! Endlich scheint die Sonne“ – „Och wie schade. Schon wieder Regen!“ – „Unmöglich. Immer diese Überfälle!“

Achtung Foto!

Kreatives Bewegungsspiel – im Duo oder in Kleingruppen

Anmerkung: Ungewöhnliche Körperhaltungen ausprobieren

Material: keines

Ausgangssituation:

„Achtung Foto, bitte lächeln“ ruft es und schon verziehen sich Münder zu breitem Grinsen. Das ist die

Das Foto

übliche Knipsprozedur. Wie wär's zur Abwechslung mit möglichst ungewöhnlichen Fotos!

Wir probieren:
unterschiedliche Ausdrucksmöglichkeiten von verschiedenen Körperteilen und dem Gesicht (Mimik). Fangen wir am Kopf an: Er ist gereckt – gesenkt – wird von den Händen festgehalten ... Das Gesicht kann grimmig – streng – erstaunt – ... schauen. Die Hände nehmen Abwehrhaltung ein – strecken sich freundlich entgegen – sind verschränkt ... Man kann gekrümmt oder stocksteif dastehen, knien – sitzen – hocken usw.
Als erstes machen wir Einzelfotos: Je zwei Kinder bilden ein Paar: Das eine Kind ist der Fotograf, der sein „Modell" von Kopf bis Fuß in die richtige Position bringt. Entweder macht der Fotograf die gewünschte Hand-Fuß-Kopf-Finger-Bein-Haltung vor oder benennt die Aktion wie z.B. „Den Kopf schief legen, die eine Hand auf den Bauch, die andere macht eine Faust ..." Oder er legt selber Hand an und bringt vorsichtig (ohne Gewaltanwendung!) die

verschiedenen Körperteile des „Fotomodells" in Pose. Zum Schluß treten alle Fotografen zurück und reihum stellt jeder sein „Foto" vor, das zudem einen Titel erhält wie „Die lange Nase"/„Ich muß nachdenken!"/„Laßt mich in Ruhe!"

Variation „Gruppenbild":
Etwa vier oder fünf Kinder werden von einem Fotografen für ein Foto in Position gebracht, indem er jedes „Modell" in die einzunehmende Haltung bringt oder diese beschreibt. Dann heißt es „Achtung, Aufnahme!" Die Fotogruppe erstarrt regungslos zu einem Bild. „Klick"und das Foto ist im Kasten, die Starre löst sich und der nächste Fotograf stellt ein neues Gruppenfoto.

Ein Haus voller Geräusche oder was man so alles hören kann

Geräusch- und Intonierungsspiel
Anmerkung: Einstiegsspiel in das Thema „Geräusche machen"; für Geräusche und Töne aus der eigenen Umgebung sensibilisieren
Material: keines

Ausgangssituation:
Viele Aktionen und Arbeiten in einer Wohnung sind mit Geräuschen verbunden. Kaum ein Gerät in einem Haushalt funktioniert lautlos: Der Staubsauger brummt, das Telefon klingelt, Geschirr klappert und

klimpert, die Waschmaschine dreht geräuschvoll ihre Runden (vor allem im Schleudergang) und das Radio bringt Musik, Nachrichten, Werbung, Wettervorhersage u.a. Wird ein Nagel eingeschlagen, hört man es pochen. Surrend bohrt sich die Bohrmaschine in die Mauer. Da wird Klavier gespielt oder der Geigenbogen fiedelt über die Saiten, die Gitarre wird angezupft, die Trompete erschallt, die Trommel pocht usw.
Und dann all die Haustiere, die man ebenfalls hören kann vom Bellen bis zum Piepen. Aber woher nur kommt dieses gleichmäßige Tropf-tropf?

Wir probieren:
die verschiedenen Geräusche zu intonieren – z.B. mit Hilfe der Comicsprache. Ding-dong tönt die Wohnungsklingel – WwWwWwWw dreht sich die Trommel der Waschmaschine – Düdelüdelütt klingt es aus dem Radio – dong-dong-dong – schlägt lang und tief die Standuhr ...

Der Lauscher an der Wand

Ratespiel mit Geräuschen
Anmerkung: weiterführendes Spiel zu „Ein Haus voller Geräusche oder was man so alles hören kann"
Material: eine Augenbinde

Ein Spieler ist der Lauscher und verläßt kurz den Raum, damit sich die anderen besprechen können, wer welchen Gegenstand im folgenden darstellen wird und mit welchem Geräusch. Mit verbundenen Augen wird der Lauscher wieder in die Runde zurückgeholt. Die Spielleitung gibt wie ein Dirigent jeweils ein Einsatzzeichen, welches Gerät bzw. Geräusch zu hören ist und beendet den Einsatz durch Abwinken. Aus welcher Richtung kommt das Geräusch? Und um welchen Gegenstand handelt es sich?

Variation:
Der Lauscher bekommt gleichzeitig eine Reihe von Geräuschen zu hören. An welche kann er sich am Ende noch erinnern bzw. welche Geräusche konnte er/sie heraushören?

Was klingelt denn da?

Geräusch- und Reaktionsspiel
Anmerkung: eine einfache Handlungskette, die das Fabulieren ebenso wie das Reagieren und Zuordnen fördert
Material: keines

Ausgangssituation:
Manche Geräusche gibt es in verschiedenen Ton- und Klangarten wie z.B. das Klingeln, das beim Telefon anders klingt als beim Wecker, Fahrrad oder als Signalton der Mikrowelle.

Wir probieren:
unterschiedliche Klingeltöne wie das Piep-piep – Piep-piep des Weckers, das kurze „Bing" der Mikrowelle oder das altmodische „Trrrrrr" des Telefons.

Spielverlauf:
Die unterschiedlichen „Klingel"-Gegenstände, die von Spielerkindern dargestellt werden, befinden sich entweder in den verschiedenen Räumen einer Wohnung oder in einem Ein-Zimmer-Appartment (Örtlichkeiten zu Spielbeginn festlegen!).
Ein Spielerkind ist der Bewohner, der in eine Klingelgeschichte verwickelt ist, die die Spielleiterin in Abschnitten (mit Pausen für eigenständige Spielreaktionen der Kinder) erzählt. Zum Beispiel: Es ist früh am Morgen und der Wecker klingelt. Der Schläfer wird erst langsam wach, schaltet den Wecker endlich aus und bleibt noch liegen. Gleich darauf klingelt das Telefon. Ja, wer ruft denn um diese Uhrzeit an? „Ja, hallo, wer da?" Falsch verbunden oder wird es ein längeres Gespräch (mit wem und worüber?). Dann tönt es – Ding-dong – von der Eingangstür. Wer kommt denn jetzt? Vorsichtshalber schaut der Bewohner zum Fenster hinaus, um zu sehen, wer da vor der Haustür steht. Kaum ist das Fenster geöffnet, hört man schon eine Fahrradklingel tönen und erkennt den Besuch. Ach du liebe Güte, auch das noch! Jetzt braucht man rasch etwas zu essen für den Besucher. Hoffentlich gibt es etwas, das man rasch in die Mikrowelle schieben kann! Doch als diese ihr Klingelzeichen ertönen läßt, erlebt man eine ungeahnte/unangenehme Überraschung …

Familie Leise

Geräusch- und Darstellungsspiel – alle tun das Gleiche

Anmerkung: Hörbares wird durch Gestik und Mimik sichtbar gemacht; Einstiegsspiel für sprechscheue Kinder

Material: keines

Ausgangssituation:

Unglaublich: Aber es soll doch wirklich Nachbarn geben, die sind so leise, daß man sie gar nicht hört, sondern nur ihr Tun sehen kann. Wenn Familie Leise z.B. singt, hört man nichts, sondern sieht nur ihre entsprechenden Mund- und Körperbewegungen.

Wir probieren:

Wie ist es z.B., wenn Familie Leise sich die Zähne putzt/wenn Frau Leise ihre Kinder zum Essen ruft/wenn die Familie durch die Wohnung geht (ganz still und leise!)/wenn sie ihre vielfältigen Instrumente spielen/wenn man bei Leises weint, lacht, schimpft, schmatzt, jubelt ...

Was könnte die Familie noch tun? Mit der Gruppe möglichst unterschiedliche Aktivitäten suchen und ausprobieren, die gestisch und ohne jeglichen Ton sichtbar gemacht werden.

Variation – Das Gegenteil: Familie Laut

Wehe man hat es dagegen mit Familie Laut zu tun. Da hört man alles laut und deutlich: das Rufen, Schmatzen, Trampeln, Geigen, Quietschen, Blubbern ... Selbst der Vogel im Käfig zwitschert unheimlich laut.

Von Familie Heul bis Familie Mecker – Klangvariationen

Sprech- und Intonierungsspiel
Anmerkung: unterschiedliche Sprech- und Sprachmelodien sowie Rhythmen werden erprobt; auch für größere Gruppen geeignet
Material: keines

Ausgangssituation:
Immer dann, wenn es zu laut ist, beschweren sich die Leute und das klingt ganz unterschiedlich, je nachdem, wer sich beschwert.

Wir probieren:
Wie hört sich eine Aussage wie „Ruhe da oben!" an, wenn sie von Familie Heul/Familie Lach/Familie Mecker/Familie Grummel mit dem grimmigen Gesicht/Familie Brüll/Familie Flüster/Familie Tiefton/Familie Quietsch ... kommt?
Um Entfernung anzuzeigen, werden die einzelnen Vokale gezogen: „Ruuuuuuuhe daaaaaa oooooo oben!" Je weiter man entfernt ist, um so anhaltender tönen die Vokale – verschiedene „Entfernungen" ausprobieren. Im Gegensatz dazu: den Satz kurz und schnell sprechen oder mehrmals hintereinander wie eine hängengebliebene Schallplatte.

Im Garten: von Bäumen und Blumen

Darstellungs- und Kooperationsspiel – in Kleingruppen gemeinsam agieren

Anmerkung: Kennenlernen von verschiedenen Pflanzenformen; Koordinieren von eigenen Körperbewegungen und diese mit der Kleingruppe abstimmen

Material: eine (leere!) Gießkanne

Ausgangssituation:

In einem Garten gibt es Bäume und Büsche, Zierpflanzen sowie verschiedenste Blumensorten, Kräuter und Gemüse. „Wir haben ganz viele bunte Blumen bei uns im Garten und auch viel Gras." – „Meine Oma hat Erdbeeren, Karotten und Petersilie." – „Manchmal gibt's aber auch Bäume im Garten – und Sträucher." –

Wir probieren:

wie die verschiedenen Pflanzen mit ihren Eigenarten dargestellt werden können. Mit mehreren Kindern wird der Baum mit seinen Ästen (und ggf. Früchten) dargestellt: Die Arme bilden die Äste und je nach Obstart wird die Hand zur Faust (= Birne oder Pflaume), die zur Rundung geformte Hand zum Apfel, die nach unten offen hängenden Finger stellen Kirschen dar. Es gibt Blumen mit mehreren Blütenblättern wie die Tulpe oder die Rose: Eine Gruppe von vier bis fünf Kindern sitzt im Kreis auf dem Boden. Der Kelch ist in der Nacht geschlossen (die Arme schließen den Kreis nach oben hin ab) und öffnet sich am Morgen

Blüte geschlossen

Blüte offen

Gänseblümchen-Art

langsam (Arme langsam ausbreiten). Das besondere Kennzeichen einer Rose sind ihre Dornen (seitlich herausgestreckte Finger). Manche Blumen haben einen Kelch wie die Glockenblume: Die Arme der Spielerkinder sind ineinander über die Schulter verschränkt oder ineinandergehakt. Andere Blumen wie das Gänseblümchen bestehen aus vielen, schmalen Blütenblättern: Die Spieler knien mit dem Gesicht nach außen im Kreis und die waagrecht ausgestreckten Hände bilden die Blütenblätter. Schließt sich die Blume bei Nacht, werden die Hände alle nach oben zusammgeschlossen.

Spielverlauf:
Ein Spielerkind übernimmt die Rolle des Gärtners; die anderen finden sich in Kleingruppen von drei bis fünf Kindern zusammen, die jeweils eine Pflanze oder einen Baum (welche? Vorher besprechen) darstellen. Alle Pflanzen (Blumen oder Bäume) sind zuerst ein Samenkorn (die Kleingruppe bildet auf dem Boden hockend einen „Samenklumpen"). Erst durch das beständige Gießen des Gärtners (Wassergeräusch: Bsch-sch) wachsen die Samen und werden größer: Langsam richten sich die Spieler auf; beim ersten Gießen wird z.B. nur der Kopf angehoben. Nach jedem Gießen wachsen sie noch etwas mehr und nehmen allmählich die Aufstellung ein für die zuvor verabredete Pflanze. Wann erkennt der Gärtner, um welche Pflanze es sich handelt?

Erweiterung:
Sind die Pflanzen ausgewachsen, werden sie bewegt – zum Beispiel vom Wind: Ein Spieler bläst aus jeweils einer Richtung auf die Pflanzen, die sich dann in die entsprechende Richtung bewegen. Wenn der Wind dreht, werden auch die Pflanzen in eine andere Richtung bewegt.

(Haus-)Tiere ganz besonderer Art

Darstellungs- und Bewegungsspiel

Anmerkung: tierische Eigenarten (Geräusche oder Verhalten) werden zu Rhythmisierungen oder kleinen Bewegungseinheiten verbunden; je nach Fähigkeiten der Spielergruppe werden einfache oder schwierigere Bewegungen für jedes Tier festgelegt.

Material: keines

Ausgangssituation:

Wir befinden uns in einer Tierhandlung mit einer Menge von besonderen (Haus-)Tieren. Diese können nämlich alle „Menschchen-machen". D.h., sie stehen nur auf zwei Beinen (ihren „Hinterpfoten"). Darüber hinaus verfügt jedes Tier über eine (oder mehrere) besondere(n) Fähigkeit(en). Welche Tiere gibt es in einer Tierhandlung?

Wir probieren:

Was können die verschiedenen Tiere der Tierhandlung? Was kann z.B. die Katze mit ihren Krallen machen? Klimpert sie vielleicht den Miauwalzer auf dem Klavier oder schleicht im Tango-Walzerschritt: TAPP – TAPP – Tapptapptapp (zwei langsame Schritte vorwärts, drei schnelle rückwärts)? Der (Gold-)Fisch jedenfalls schwimmt nicht nur vorwärts (mit den Armen Schwimmbewegungen machen), sondern auch rückwärts (die Armbewegung rückwärts machen) und dazu blubbert er. Der Papagei ist ein Plappermaul, der dauernd einen Witz erzählt, über den er selbst am meisten im Piepston lacht. Der Hund kann Pfötchen geben, mit der Pfote winken, auf einer Pfote stehen, sich im Kreise drehen – wie ein Popstar „Wow. Wow-wow!" Und wie wär's mit einem Hasen, der ein Schnupperlied „schnuppert" oder seine Hochsprungkünste zeigt! Eine Maus könnte in ihrem Laufrädchen z.B. allerlei Klingeln, Hupen und Glocken haben, die sie gerne vorführt (Geste und Ton). Oder handelt es sich eher um eine (Ballett-) Tanzmaus, die Tanzschritte und Drehungen vollführt? (Kanarien-)Vögel oder Wellensittiche sind Zeichenkünstler: Sie breiten ihre Flügel aus und „malen" im Flug Kreise, Rechtecke, Achter, Spiralen in die Luft.

Spielverlauf:
Es gibt einen Verkäufer (die Spielleitung) und einen Käufer (ein Kind). Die anderen Spielkinder übernehmen die verschiedenen Tierrollen, wobei mehrere Kinder eine Tiergruppe bilden können. Für die Tierhandlung wird festgelegt, wo die Eingangstür ist (mit einem Seil oder ähnlichem kennzeichnen), und für jedes Tier bzw. jede Tiergruppe gibt es einen festgelegten Ort, an dem sich ihr Käfig/Aquarium o.ä. befindet. Das Spiel beginnt, wenn der Käufer den Laden betritt. „Guten Tag. Was wünschen Sie? Mit was kann ich dienen? Sie möchten bestimmt ein Tier. Wir haben hier eine ganze Reihe außergewöhnlicher, besonderer Tiere wie z.B. ..." Der Verkäufer benennt das Tierangebot, aus dem sich der Kunde dann das ein und andere Tier vorführen läßt. Für welches Tier wird er sich wohl entscheiden? Zum Abschluß erhält

der Kunde das gewünschte Tier, bekommt noch ein paar gute Ratschläge mit auf den Weg („Das Füttern nicht vergessen! – Es braucht viel Auslauf!“) Hat der Kunde den Laden verlassen, ist das Spiel beendet und die Rollen können für eine weitere Spielrunde neu verteilt werden.

4. Aus der Welt der Sachen & Dinge

Wir leben in einer Dingwelt: Spielsachen, Turngeräte, Gebrauchsgegenstände aus den verschiedensten Materialien (Holz, Papier, Plastik usw.) und in den unterschiedlichsten Formen und Farben gehören zum alltäglichen Umfeld. Meist sind wir von so vielen Dingen umgeben, daß wir sie gar nicht alle wahrnehmen und sie oft nur oberflächlich erfassen. Jede Sache hat eine Reihe von Eigenschaften und kann auf vielfältige Art und Weise benutzt werden, auch über den üblichen Gebrauch hinaus. Mit Phantasie und Vorstellungskraft wird im Spiel ein Gegenstand zu etwas anderem. Setzt man sich rittlings auf den Stuhl, die Lehne vor sich, wird daraus ein Pferd, mit dem man durch allerlei Lande reiten kann. Auf diese Weise kann ein Kissen zum Boot werden, ein Legostein zur Mausefalle, ein Buntstift zum Zauberstab, ein Handschuh zur Spielfigur usw. Dieses „So-tun-als-ob" gehört zum Spielalltag der Kinder und kann durch das angeleitete Spiel gefördert und intensiviert werden.
Im Spiel mit den Dingen erforschen, erkennen und begreifen Kinder auch ihre Umgebung, lernen sie differenzierter wahrzunehmen und werden für die Erscheinungen sensibilisiert.

Spiele mit Gegenständen

Mal rund, mal groß, mal rot

Zuordnungsspiel

Anmerkung: fördert die Wahrnehmungsfähigkeit; am besten zu Spielen in einem Raum mit verschiedenen Gegenständen oder mit Abänderung der Aufgaben im Freien

Material: ein Stuhl/erhöhter Sitz; ein Signalinstrument (Gong, Tambourin o.ä.); ggf. ein Umhang (und eine Krone) für den Spieler des kleinen Königs

Ausgangssituation:
Wie bei Königen üblich, haben sie Macht über ihre Untertanen und geben Befehle, die unbedingt zu befolgen sind. Der kleine König der Dinge hat Spaß und Interesse an allen Gegenständen in seiner Umgebung. Je nach Lust und Laune will er Dinge mit jeweils verschiedenen Eigenschaften haben: Mal sollen sie eine besondere Form oder Eigenschaft (rund, viereckig, spitz, haarig, kleiner als der Daumen, weich), mal eine spezielle Farbe oder Musterung (rot, gesteift) haben. Dann müssen seine Untertanen gehorchen und ihm einen Gegenstand mit den gewünschten Eigenschaften bringen.

Spielverlauf:
In einem Halbkreis versammeln sich die Untertanen um den erhöhten Sitz, auf dem der kleine König mit gebieterischer Mine thront. Sein Diener gibt ein Zeichen (z.B. ertönt ein Gong) und dann verkündet der König seinen Befehl: „Alle mal herhören. Heute möchte ich eine Sache, die soll ... (eine bestimmte Eigenschaft angeben) sein."
Die Untertanen schwärmen aus und suchen sich im Raum/am Ort einen Gegenstand (oder mehrere) mit der gewünschten Eigenschaft bis der Diener das Signal ertönen läßt. Dann kehren alle Untertanen an ihren Platz zurück und präsentieren reihum dem kleinen König ihren Gegenstand.
In der nächsten Runde werden die Rollen von König und Diener neu besetzt. Der neue König wünscht natürlich andere Dinge zu bekommen als sein Vorgänger.

Variation:
Der vom König georderte Gegenstand wird von den Untertanen nicht herbeigeholt, sondern nur benannt und kann demzufolge auch eine Sache sein, die sich nicht am Spielort befindet (die gelbe Sonne, das rote Feuerwehrauto, ein Regenbogen usw.) Eine Methode, die sich besonders bei größeren Gruppen anbietet, um unruhestifendes Herumrennen und Suchen zu vermeiden.

Erweiterungen:
Die Untertanen werden aufgefordert, dem König eine (oder mehrere) Bewegungen mit dem mitgebrachten Gegenstand vorzuführen. Man kann ihn rollen/

zusammenknäulen/in der Hand verstecken/über die Schultern legen …

Da stimmt doch was nicht?

Ratespiel zwischen zwei Gruppen
Anmerkung: genaues Beobachten ist gefragt; Gruppengröße beliebig
Material: keines

Ausgangssituation:
Der kleine König hat seinen gesamten Hofstaat (Diener, Wächter, Berater usw.) versammelt, um seine Untertanen auf die Probe zu stellen. Er will wissen, ob die Leute auch genau hinschauen können.

Wir probieren:
Die versammelten Spieler werden in zwei Gruppen aufgeteilt, die sich gegenüberstehen oder sitzen. Je ein Untertan steht je einem Mitglied des Hofstaates gegenüber, und sie sollen sich ihr Gegenüber sehr genau anschauen. Auf Befehl des kleinen Königs (ggf. der Spielleiterin) drehen sich die Untertanen weg, so daß sie nicht sehen, was ihr Gegenüber an seinem Äußeren (Bekleidung, Frisur usw.) verändert. Auf ein Zeichen des Königs hin, wenden sich die Untertanen wieder ihrem Gegenüber zu und einer nach dem anderen benennt die Veränderung.
Anschließend wird gewechselt: Die Untertanen verändern etwas an ihrem Äußeren und die Bediensteten des Hofstaates müssen es herausfinden.

Beobachtungen:
Während es manchem Kind schwer fällt, sowohl Veränderungsideen zu bekommen als auch Veränderungen bei anderen wahrzunehmen, gibt es Kinder, die Einfallsreichtum und Finessen entwickeln: Niko zieht seine Hausschuhe aus und steckt sie in die Hosentasche, so daß sie nur noch ein bißchen herausgucken. Dominique vertauscht den rechten mit dem linken Schuh. Anna schlüpft zur Hälfte aus einem Schuh heraus und Lisa verändert ihre Haarspangen.

Variation:
Statt etwas am Äußeren zu verändern, nehmen die Mitglieder einer Gruppe eine bestimmte Haltung ein, an der sie im folgenden etwas verändern. Zum Beispiel: Die ausgestreckten Finger ballen sich zur Faust/der hocherhobene Kopf senkt sich/der Denkerfinger rutscht von der Stirn an die Nase usw. Die anderen müssen herausfinden, was jeweils verändert wurde.

Dingsda gesucht

Ratespiel
Anmerkung: Beschreibungen, Benennungen, Beobachtung und Aufmerksamkeit sind erforderlich; Gruppengröße beliebig
Material: keines

Ausgangssituation:
Einmal wird der kleine König von einer furchtbaren Krankheit heimgesucht: Immer wenn er einen bestimmten Gegenstand benennen will, hat er den Begriff dafür vergessen. Ärgerlich! Wie heißt denn nur gleich dieses Dingsda?! Dem kleinen König bleibt nichts anderes übrig, als seinen Untertanen die gemeinte Sache zu erklären, indem er ihnen die Größe und den Umfang mit den Händen zeigt, die Farbe und/oder eine Eigenschaft benennt: „Mein Dingsda ist klein und rot ..." Die Untertanen machen Vorschläge, um was es sich handeln könnte. Um das Raten zu erleichtern, kann der König im Spielverlauf als Hilfestellung weitere Eigenschaften benennen („Das Dingsda ist rund und man kann es essen").
Damit das Raten nicht zu schwierig wird, sollte es sich bei dem gesuchten Dingsda um eine Sache handeln, die sich im Raum/am Spielort befindet.

Erweiterungen:
Etwas komplizierter wird die Sache, wenn Dinge erraten werden müssen, die sich nicht am Ort befinden. In diesem Fall gibt es gleich zu Spielbeginn eine entsprechend umfangreichere Beschreibungen des

1 Y 21786 F

PRAXIS SPIEL+GRUPPE 1

Zeitschrift für Gruppenarbeit — März 1997

Erlebnis

Aus dem Inhalt

Sigrid Tschöpe-Scheffler
Erlebnisse im Alltag

Hans Goldbrunner
Eine soziale Konstruktion psychischer Unmittelbarkeit

Margaretha Rohrbeck
Musik erleben

Sabine Homann
Abenteuersport als erlebnispädagogisches Angebot für Mädchen

Ulrike Zoch
Leise leben lernen

Jürgen Fritz
Gorleben soll leben

Doris König
Gesammelte Eindrücke!

Bärbel Bach / Simone Alt
Kanutour auf der Lahn als Erlebnisreise

Jürgen Fritz
Erlebnisse in virtuellen Welten

Jürgen Fritz / Sigrid Tschöpe-Scheffler
Erlebnispädagogik lernen

Magazin
OUTWARD BOUND

Schwarzes Brett

GRÜNEWALD

Nutzen Sie die Vorteile:

- ✔ immer neue Ideen für Spielstunden
- ✔ lehrreiche Erfahrungsberichte
- ✔ Magazinteil mit Infos über Bücher, Spielmittel, Ausstellungen, Tagungen und Fortbildungsmöglichkeiten im spielpädagogischen Bereich
- ✔ Spielkartenbeilage zur Ergänzung der bekannten **Mainzer Spielkartei** und der Spielkartei **Stöcke, Steine, Luftballons**

im Abo

Dingsda. Zum Beispiel: „Mein Dingsda ist meistens draußen im Freien. Es hat aber manchmal auch ein eigenes Haus. Es ist aus Blech und man muß es lenken …" (Das Auto)
Oder: der kleine König hat die Sprache fast völlig verloren und kann nur mit ein paar wenigen Worten wie „ja – nein – manchmal" antworten. Die Untertanen müssen das Dingsda erraten, indem sie reihum dem kleinen König Fragen stellen („Befindet sich das Dingsda im Raum? – Ist es etwas zum Essen?" usw.). Auf diese Weise nähern sich die Ratenden Schritt für Schritt der gesuchten Sache.

Geschenke zum Fühlen: oder wer nicht sehen kann, fühlt

Tastspiel

Anmerkung: Sensibilisierung der Wahrnehmung; Gruppengröße beliebig

Material: verschiedene (Spiel-/Alltags-)Gegenstände, ein Tuch um die Augen zu verbinden

Ausgangssituation:
Als der kleine König einmal so geblendet wird, kann er nichts mehr sehen und der königliche Leibarzt bindet ihm zum Schutz ein Tuch vor die Augen. Um den König zu erfreuen, bringt ihm jeder Untertan ein Geschenk.

Spielverlauf:
Ein Untertan nach dem anderen tritt vor den König und überreicht ihm seine Sache mit den Worten: „Hochverehrter König, hier lege ich euch mein Geschenk zu Füßen." Und weil der kleine König ja nichts sieht, greift er danach und ertastet die Sache. Dabei benennt er die erfühlte Eigenschaften wie „Das ist ja riesig groß/schwer/glatt ..., das könnte ... (Benennung der Sache) sein." Ist der Gegenstand erraten, übernimmt ein anderer Spieler die Rolle des Königs.

Geräuschvolle Dinge

Klang- und Tonerkundungen mit unterschiedlichen Materialien/Gegenständen
Anmerkung: Vorsicht, es kann etwas laut werden!
Material: Gegenstände aus möglichst unterschiedlichen Materialien (verschiedene Papiere, Pappe, Plastikbecher, Holzstöcke, Löffel und Gabeln, Flaschen/ Gläser mit unterschiedlichen Mengen Wasser, Schlüssel, Absatzschuhe usw.)

Ausgangssituation:
Eines Tages macht der kleine König eine große Entdeckung: In den Dingen stecken Töne und zwar die unterschiedlichsten: Schuhe klappern über den Boden, Geschirr klappert, Türen quietschen usw. Er ruft alle seine Untertanen zusammen, damit sie auch den Klang der Dinge entdecken können.

Wir probieren:
Die Gruppe versammelt sich im Kreis, in dessen Mitte die Dinge und Materialien liegen, die der kleine König gesammelt hat. Jeder darf sich einen Gegenstand aussuchen und damit eine Weile herumprobieren, welche verschiedenen Töne das Ding von sich gibt. Was passiert z.B., wenn man in die mit unterschiedlichen Wassermengen gefüllten Flaschen pustet/Papier hin- und herflattern läßt, es zerknäult oder langsam einreißt/wenn man Schlüssel in der Hand schüttelt oder sie aneinanderschlagen läßt/ wenn man Holz gegen Holz klopft/Legosteine in einem Plastikbecher herumschüttelt ...

Erweiterung:
Probieren wir es mal als Orchester: Die Spieler mit dem gleichen Gegenstand sitzen zusammen und gehören zu einer Gruppe. Jede Gruppe (etwa drei oder vier Kinder) bekommt für ihr „Instrument" einen einfachen Rhythmus. Zum Beispiel: ein langer Puster für die Flasche oder drei kurze Holzklopfer zweimal hintereinander, also 1-2-3, 1-2-3. Der kleine König (oder die Spielleiterin) übernimmt die Rolle der Dirigentin und deutet jeweils auf die Gruppe, die daraufhin ihr „Instrument" im zuvor vereinbarten Rhythmus ertönen läßt. Dabei kann die Dirigentin jede Gruppe einzeln ertönen lassen. Oder: zwei oder mehrere Gruppen tönen gleichzeitig.

Dingsbums-Geschichten

Fabulierspiel

Anmerkung: Geschichten erfinden rund um einen bzw. zu einem Gegenstand; die Mitspieler sollten bereits über einige Sprachkenntnisse und Sprechbefähigung verfügen

Material: verschiedene (ggf. auch kuriose) Gegenstände, ein Tuch zum Abdecken.

Ausgangssituation:

Eine der Lieblingsbeschäftigungen des kleinen Königs ist das Erfinden von Geschichten, die sich natürlich alle um irgendeine Sache drehen. Wann immer er Zeit hat, lädt er Geschichtenerzähler zu sich ein, und es geht los.

Wir probieren:

Unter einem großen Tuch in der Kreismitte liegen allerlei Gegenstände, die der kleine König in seiner Schatztruhe gesammelt hat. Er zieht eine Sache hervor, die im folgenden im Mittelpunkt der zu erfindenden Geschichte steht. Der König gibt den ersten (kurzen) Satz zu bzw. mit dem Gegenstand vor. Zum Beispiel: „Auf der Straße liegt einsam und verlassen ein kleiner, roter Wecker." Ein anderes Kind fabuliert die Geschichte mit einem zweiten Satz weiter und so weiter und so fort. Reihum wird jeweils ein (kurzer) Satz angehängt. Zum Beispiel: „Der Wekker tickt ganz traurig vor sich hin. – Da kommt ein kleiner Junge vorbei. – Der Junge hebt den Wecker auf. Er fragt ihn: ..." Wie könnte die Geschichte enden? (Verschiedene Möglichkeiten erfinden)

Schlüsselszenen

Fabulier- und Darstellungsspiel, Improvisationsspiel

Anmerkung: Ein Gegenstand als Auslöser von Improvisationen kurzer Spielszenen, die das Entwickeln von Ideen ebenso wie logisches und konsequentes Denken (er-)fordern; die Gruppe sollte nicht zu groß sein und schon über etwas Spielerfahrung verfügen

Material: z.B. ein Schlüssel (oder ein anderer spielanregender Gegenstand)

Ausgangssituation:

Der kleine König liebt die Abwechslung. Wenn ihm der Sinn nach bewegenden Ereignissen steht, ruft er seine Spieler zusammen, die ihm etwas vorspielen sollen, was bisher noch niemand in der Welt je gesehen oder gehört hat. Und weil er ja der kleine König der Dinge ist, müssen sich auch die Spielhandlungen um ein Ding drehen wie z.B. einen Schlüssel. Was könnte alles mit einem Schlüssel passieren, der auf der Straße liegt? Im Gespräch mit der Spielerrunde werden Ideen und Möglichkeiten zusammengetragen, die im Anschluß im improvisierten Spiel probiert werden. Ein Schlüssel: Wo gehört er hin (zu einer Haustür, einem Schatzkästchen, einem Auto, einer Schultasche, einem Garagentor,...)? Wem gehört er? Wer findet den Schlüssel?

Wir probieren Spiele mit einen oder mehreren Akteuren

- *Dieb oder Besitzer?* Eine/r findet den Schlüssel, hebt ihn auf, überlegt einen Moment und entscheidet sich für ...
- *Der Streit:* Eine/r findet den Schlüssel, hebt ihn auf. Ein Zweiter kommt hinzu: „Ach, da ist ja mein Schlüssel" – „Wieso dein Schlüssel? Das ist mein Schlüssel!" Ein Streit entsteht. Welche Gründe kann jeder der beiden benennen, die dafür sprechen, daß ihm/ihr der Schlüssel gehört? Ein mögliches überraschendes Ende nach dem Motto: Wenn zwei sich streiten, freut sich der Dritte.
- *Ich doch nicht!* Zwei Finder treffen aufeinander, doch keiner will den Schlüssel aufheben. Jeder versucht, den anderen zu überreden, ihn aufzuheben. Welche Gründe (auch übertriebene oder unglaubliche) können genannt werden, warum man den Schlüssel (nicht) aufheben kann oder sollte. „Ich hab's so im Kreuz, ich kann mich nicht bükken." – „Sie sind aber jünger als ich!" – „Sie werden bestimmt mal berühmt dafür!" – „Du hast wohl vergessen, was deine Mama dir immer sagt!" usw.
- *Wo gehört er hin?* Eine/r findet den Schlüssel und macht sich nun auf die Suche nach dem passenden Schloß.
- *So ein Pech!* Eine/r hebt den Schlüssel auf, doch er fällt ihr/ihm laufend wieder aus der Hand bis ...

- *Spielerei:* Statt den Schlüssel aufzuheben, wird er von zwei Findern wie ein Ball hin- und hergeschoben bis … (sich z.B. jemand beschwert/ihn jemand wegnimmt/sich ein Dritter dazugesellt und mitspielt)
- *Das ist doch kein Schlüssel:* Eine/r entdeckt den Schlüssel, ein Zweiter kommt hinzu und wundert sich „Sieh an, eine Schildkröte." – „So ein Quatsch", ereifert sich der Erste, das ist doch eine Träne des Regenbogens!" – Weitere kommen hinzu und für jeden ist es etwas anderes – bis …

Gegenstände „verwandeln"

Was aus einem Kissen alles werden kann

Kreis- und Ratespiel

Anmerkung: Abstraktions- und Assoziationsfähigkeiten werden geweckt; auch für größere Gruppen geeignet

Material: ein ca. 40 x 40 cm großes Kissen

Ausgangssituation:

Einmal kehrt der kleine König der Dinge von einer langen Reise zurück und hat ein gar wundersames Ding mitgebracht. Von außen sieht es aus wie ein gewöhnliches Sitz- oder Kopfkissen. Aber dieses Kissen hat eine besondere Fähigkeit: Man kann es verwandeln, indem man das Kissen so benutzt als sei es ein Teller, ein Lenkrad, eine Tasche ... Der kleine König ruft seine Untertanen zusammen, um ihnen seine neueste Errungenschaft, das Verwandlungskissen, vorzuführen und dann darf es jeder Untertan auch einmal versuchen.

Wir probieren:
wie man mit dem Kissen durch eine entsprechende Aktion einen Gegenstand darstellen kann. Also: Wenn man das Kissen im Arm wiegt, es in die Luft wirft, mit beiden Händen an den Seiten festhält und blättert ... – dann – tja, welcher Gegenstand wurde dann mit dem Kissen dargestellt? Zur Unterstützung und Verdeutlichung können auch entsprechende Töne wie z.B. Telefonklingeln, Tierlaute, Sägegeräusch usw. gemacht werden.

Erweiterung:
Der dargestellte Gegenstand wird zum Auslöser für eine kurze Spielsequenz. Zum Beispiel: Anna (5 Jahre) stellt mit dem Kissen ein Baby dar, das sie liebevoll im Arm hält. Oh weh! Jetzt fängt das Baby zu schreien an! Warum schreit es denn auf einmal? „Es hat vielleicht in die Hose gemacht", vermutet Claudia. Anna prüft und schüttelt den Kopf. „Wenn Babys weinen, muß man sie ein bißchen hin- und herwiegen. Das macht meine Mama auch immer mit meinem kleinen Bruder," rät Viola (5½ Jahre), „Babys schreien manchmal auch, weil sie Hunger haben," weiß Laura (4 Jahre). Tja, dann braucht das Baby also etwas zu essen, oder?! „Ich hol ihm ein Fläschchen!" erklärt Charlotte (5) und läuft schon in eine Ecke des Spielzimmers. Mit beiden Händen hält

als Hut

als Lenkrad

als Spiegel

als Tablett

sie ein imaginäres Fläschchen umklammert, das sie dem Kissenbaby gibt. Ist das Kissenbaby gefüttert, wird es zur Ruhe gebettet. Sollte man ihm noch ein Schlaflied singen oder wird es auch so einschlafen?

Gegenstände als ...

Phantasie- und Assoziationsspiel

Anmerkung: die Gruppe sollte nicht zu groß sein, da viele Einzelaktionen gefragt sind

Material: verschiedene Spiel- und/oder Turnmaterialien

Ausgangssituation:

Der kleine König fordert alle seine Untertanen auf, im ganzen Land (dem Spielort) Verwandlungsgegenstände zu suchen und diese zu ihm zu bringen. Jedes Kind sucht sich einen Gegenstand aus: entweder aus einem vorab zusammengestellten Angebot von Sachen oder aus dem reichhaltigen Materialangebot im Spielzimmer. Wenn alle einen Gegenstand haben, kehren sie in die königliche Runde zurück.

Spielverlauf:

Reihum stellt jedes Kind seine Sache vor: Was kann man mit dem Gegenstand jenseits der üblichen Handhabungen noch machen? Wie kann man ihn (be-)nutzen? „Hochverehrter König, ich habe hier ein Stöckchen, das kann sich in ein Fernrohr verwandeln" (Das Spielerkind stellt eine entsprechende Aktion mit dem Stock dar.) Der kleine König erkundigt sich bei seinen anderen Untertanen, wie man den Gegenstand noch benutzen könnte (als Rührlöffel, Taktstock, Eßstäbchen ...)

Weitere Beispiele und Vorschläge:

Aus der *Liegematte* wird ein futuristischer Rock, der bei einer Modenschau vorgeführt wird/ eine gebogene Kopfbedeckung, die sich vorzüglich als Regen- oder Sonnenschutz eignet/ zusammengerollt ist sie eine Botschaft aus ferner Zeit ...

Ein *Stofftuch* läßt sich verwenden als Umhang/ Lätzchen/ Riesenputzlappen/ an den vier Enden über den Kopf gehalten, plustert sich das Tuch zum Fallschirm; mit anderen aneinandergeknotet wird daraus ein langes Seil, das man einem Ertrinkenden zuwirft/ ein Lasso, um Pferde einzufangen/ mit mehreren Tüchern kann man einen bunten Regen herabflattern lassen ...

Ein *Bettlaken* wird zum Segel/ zum Sonnendach (an allen vier Ecken gehalten)/ zur Trennwand (an zwei Seiten gehalten) ...

Eine *Wolldecke* wird (an den Ecken eingeklappt) zum Kanu/zum Umhang des Königs/ zum fliegenden Teppich/zum Bettlermantel ...

Ein *Tennisball* wird ein hüpfender Frosch/ ein Apfel, der so hart ist, daß man sich die Zähne daran ausbeißt/ein Goldklumpen ...

Ein *Holzreifen* wird zum Brunnenloch/ zur Badewanne oder zum kleinen Boot/ zum Einstieg in einen Tunnel/ zur Umhängetasche/ zum Superheiligenschein/ zum Zaumzeug für ein „Pferd" ...

Der *Stuhl* wird zur Wippe, zur kleinen Hütte/ zum Schutzschild mit Ausguck (an der Stuhllehne)/ zur Waffe (die Sitzfläche am Bauch und die Stuhlfüße zeigen spießend nach vorne) ...

Das *Hüpfseil* wird zur Hundeleine/ zum Regenwurm/ zur Schlange, die man beschwörend hervorlocken kann.

Allerlei Dinge kommen ins Spiel

Improvisationsspiel

Anmerkung: kurze Spielsequenzen mit Gegenständen werden erfunden und dargestellt; die Gruppe sollte nicht zu groß sein

Material: Ein ausreichend großer Tisch als Bühne und jede Menge „Verwandlungsgegenstände".

Ausgangssituation:

Der kleine König möchte ein großes Spektakel veranstalten, bei dem es zur Unterhaltung auch allerlei Geschichten geben soll, in denen die Dinge, die es in seiner Umgebung gibt, auftreten. Jeder Untertan soll sich zu diesem Zweck einen Spielgegenstand im Raum besorgen (einen Legostein, einen Ball, ein Tuch)

Ein Tisch wird längs zum Publikum als Bühne aufgebaut, die die Spieler von drei Seiten „betreten" können.

Nachdem sich jeder Untertan im Raum einen (nicht zu großen) Spielgegenstand ausgesucht hat, stellt er ihn vor. Zum Beispiel: „Gestatten, das ist die dünne, die superdünne Schlange, die unbedingt was zum Fressen braucht!" (ein Seil wird mit entsprechenden Bewegungen präsentiert)

Spielvorschläge:

Herr Gummistiefel und *Frau Stöckel* (ein Stöckelschuh) treffen sich auf der Straße und geraten in Streit. Frau Stöckel findet das „Platsch-platsch" von

Herrn Gummistiefel sooo störend. Da beschwert sich auch Herr Gummistiefel über die Klick-Klack-Klappergeräusche von Frau Stöckel. Die beiden würden noch streiten, wäre da nicht einer auf leisen Sohlen herangeschlichen und ...!

Eine Palme (zusammengerolltes Comicheft) erhält eines Tages Besuch von einer *Schlange* (Seil). Die Schlange am Fuße der Palme aber versteht nicht, was die Palme da hoch oben flüsterte, so daß sie sich auf den Weg nach oben macht: Sie schlängelt sich den Stamm hinauf, immer weiter. Das kitzelt die Palme so sehr, daß sie sich hin und herwindet und dabei fällt die Schlange herunter und verknotet sich und sie wäre noch immer verknotet, wenn nicht ...

Ein dicker, runder Frosch (Ball) will die Welt erkunden. Er hat Glück und trifft einen *fliegenden Teppich* (Tuch), der sich nach einigem hin und her bereit erklärt, den Frosch als Fluggast anzunehmen. Aber oh weh! Dauernd kullert der dicke, runde Frosch herunter bis einer eine tolle Idee hat ...!

Gegenstände darstellen

Ich bin das Telefon. – Und ich spiel' die Tür!

Darstellungsspiel

Anmerkung: Mobiliar und andere Gegenstände werden von Spielern dargestellt; das Spielen von Gegenständen kann Bestandteil vieler Spielszenen sein und diejenigen Kinder einbinden, die keine Sprecherrolle übernehmen wollen, sondern die klar abgegrenzten Aktionsmöglichkeiten einer Sache vorziehen.

Material: keines

Ausgangssituation:
Die Wohnung mit ihren verschiedenen Einrichtungs- und Gebrauchsgegenständen ist Kindern ein vertrauter Ort. Welche Möbelstücke (Bett, Herd, Schrank, Stehlampe, Tisch, Kühlschrank, Spielkiste, ...) und Gebrauchsgegenstände (Staubsauger, Telefon, Radioapparat, Fernseher, Wecker, Uhr ...) die Kinder kennen, wird zu Beginn in einem Gesprächskreis besprochen.

Wir probieren:
Wie können die verschiedenen Möbel bzw. Gegenstände von einem Spieler (oder auch von mehreren) dargestellt werden? Welche typische Form und typische Eigenschaften hat der jeweilige Gegenstand? Ein Tisch ist z.B. kantig und hat eine Ablagefläche.

Uhr
„5 vor 3“

Standuhr

Stehlampe
ausgeschaltet

Telefon

Schrank mit zwei Türen

Ein Schrank hat eine oder mehrere Türen, die man öffnen und schließen kann. Die Stehlampe steht kerzengerade und kann im oberen Teil nach vorne gebeugt werden; wird ihr Fußschalter leicht angetippt – pling –, gibt es Licht: Der Kopf hebt sich und zeigt ein strahlendes Gesicht. Der Küchenherd hat eine Backröhre, die man öffnen und schließen kann. Hörer und Tastatur sind die beiden grundlegenden Be-

standteile eines Telefons; die Tastatur wird angetippt und der Hörer abgenommen. Die Antenne eines tragbaren Radioapparates kann man für einen besseren Empfang ausrichten. Die Zeiger einer Uhr drehen sich.
Eine Reihe von Gegenstände können auch Geräusche machen: Das Telefon klingelt, der Kühlschrank brummt, der Wecker klingelt, der Radioapparat dudelt, bringt Nachrichten/Werbung/Wettervorhersage u.a.). Ein Wasserhahn kann zu- und aufgedreht werden, und Wasser fließt heraus (Ton); wenn man ihn nicht richtig zudreht, tröpfelt und tröpfelt und tröpfelt er! Oder der Schrank, der schief steht und eine quietschende Tür hat, die sich solange selbsttätig öffnet, bis man den Schlüssel im Schloß dreht.
Nicht alle Gegenstände lassen sich gleich gut darstellen. Es gibt solche, die nur geringe Aktionsmöglichkeiten bieten wie ein Tisch (der sich z.B. unter einer Last etwas durchbiegen kann).

Erweiterung:
Auf diese Weise lassen sich auch eine Vielzahl anderer Dinge außerhalb einer Wohnung darstellen wie z.B. Blumen, Bäume, Ampeln, Fahrkartenautomaten, Mülltonnen usw.